But You're Still So Young

How Thirtysomethings Are Redefining Adulthood

三十而慄？

在承擔包袱與焦慮的年華，
勇敢敲定自己的人生節奏

凱琳．謝弗（Kayleen Schaefer）◎著
羅亞琪、陳松筠◎譯

目錄

CONTENTS

目錄 CONTENTS

前言
在「應該」定下來的年紀，能不能猶疑不定？

三十歲了，你在腦海中盤點一下，把隨意加諸在自己身上的清單想過一遍，然後因為一事無成而感到驚慌失措。

——馬庫斯

對馬庫斯來說，一個工作天又來到尾聲。他現年三十六歲，住在奧斯丁，擔任德州政府稽核員，正計畫與雙親會面，因為父母從休士頓來到奧斯丁，要參加隔天的山胡桃節，他打算到飯店接兩人共進晚餐。

那天，馬庫斯在工作上很不愉快，最近常常這樣。在一次又一次的會議中，他和他的團隊老是被指責搞砸了工作，受到嚴厲責備。他說，如果不是因為父母到來，

「我肯定喝完悶酒就去睡了。」

馬庫斯的個性開朗，常說笑話，是那種就算沒在笑，說話時卻總是聽起來好像笑著的人，所以聽見他這麼沮喪，實在很難想像。他找新工作已經好一陣子了，心裡越來越著急。他的眼皮跳不停，睡眠不穩，對於工作，也從心想**我不想繼續在這裡工作**，變成確定**我無法繼續在這裡工作**。

他在早上醒來時常常心情很好，接著卻在床上躺了一個小時。

他會想：「**我可以去上班的。**」

然後又想：「**為什麼要去上班？**」

他說：「想到上班，我就覺得身體不舒服，可以明顯感覺到生理上的抗拒。」

馬庫斯以為很快就會有新工作，他應徵距離奧斯丁一個半小時車程的聖安東尼奧市政府稽核員職缺，已經進入複試。關於搬家這件事，他泰然自若，甚至十分興奮，縱使新工作的年薪少了一萬美元。然而就在父母來訪的前幾天，他卻發現自己沒被錄取。

來到父母住的飯店房間時，馬庫斯滿腦子都在想求職落選的事，覺得無法掌控自己的人生。

六年前，三十歲生日那天，馬庫斯就因為自己的人生，和過去想像大學畢業後的人生完全不同而感到驚慌。

他在心裡列出一份清單。

工作？**有了。**

妻子？**沒有。**

房子？**沒有。**

孩子？**沒有。**

馬庫斯開始擔心自己欠缺的東西，拿自己和他人比較，認定別人都有他希望找到的配偶、兩層樓高的房子和小型犬。他會煩惱：**我的人生這樣就夠了嗎？**

我也曾以為自己的人生會遵循某個順序，會把一件事打勾，再進行下一件。大概順序是這樣的：畢業、確定職涯、存錢、結婚、生子。我並不覺得自己需要在三十歲前完成這些事，但是假定會在三字頭開始的年紀達成，這個時間表讓我心安，為我提供往往感覺有如狂熱、飄泊中的秩序。我有一半的夜晚躺在床上觀看《超級製作人》（*30 Rock*）重播，另一半的夜晚則是在外玩到午夜過後才回家，因此這樣的時間表提供秩序感。即便一天到晚出去玩的朋友也沒有依循這樣的筆直路線，但我依然認為大部分同輩都是如此，至少根據我在社群網站上看到，還有從母親那裡聽到的是這樣。

當我年過三十歲，仍然毫無進展，人生清單中幾乎沒有任何一樣東西打勾。我勉強確定職涯，但還是覺得自己隨時都有可能一一衝過這些里程碑，衝到一個終於可以停下來，感覺自己終於抵達目的地的所在。

打亂人生規劃的一百種原因

「但是你還這麼年輕。」

任何人只要試圖努力釐清，為何人生的某些面向不如自己預期的那樣穩定，就一定會聽過這句話。通常說這句話的人都是立意良好的前輩，試圖說服人生不像你確信的那麼一團糟（比你年紀還輕的人絕對不會說出這種話）。有時當你看著鏡子，思忖眼前的身影以後會變成什麼樣子，或是當你躺在床上爬不起來，可能也會聽到腦海中有個聲音這樣對你說，為你加油打氣。

但是你還這麼年輕。

你有的是時間。

繼續加油。

一九五〇年代，社會學家指出五個人生的里程碑，全部完成就代表完全進入成年期。這些里程碑和我為自己憑直覺定義的清單很類似，分別是：**一、完成學業；二、離家；三、經濟獨立；四、結婚；五、生子。**整體而言，在一九五〇年代和之後數十年，這些里程碑最晚會在三十出頭完成，甚至更早，往往在二十歲左右就會達成。一九七五年，美國人口普查局（Census Bureau）的資料顯示，有四五%的男女在三十四歲前便達成傳統的成年里程碑。

但是到了今天，文化變遷與經濟動盪，讓人重新省思這些里程碑有無必要存在、是否有辦法達成。二〇〇四年，麥克阿瑟基金會（MacArthur Foundation）贊助一項研究，探討如今在美國成為成年人的意義。社會學家暨賓州大學（University of Pennsylvania）教授小法蘭克．F．弗斯登伯格（Frank F. Furstenberg Jr.），在報告中寫道：「許多（年輕）人之所以尚未成為完全的成年人，也就是傳統定義的畢業、獲得有福利的工作及結婚生子，是因為他們還沒準備好，或是條件不允許他們這麼做。」二〇一六年，根據普查資料指出，只有二四%的男女在三十四歲前達成這些里程碑。

取得在知識經濟中與他人競爭所需具備的高等學歷後（很多時候，還會同時累積大筆債務），我們才出社會，開始工作；與過去的年輕人相比，我們的經濟能力較不穩定，其中有很多原因使然，包括學貸、現今的零工經濟（gig economy）、停滯不前的薪資，以及二〇〇八年金融危機和近期新冠肺炎（COVID-19）疫情，反覆引起的經濟動盪；我們在以為已經永遠離家後重回家中，因為無力負擔房租，或是還不確定夢想會帶我們到何方；我們按照自己的步調結婚，有時甚至不結婚；假如我們決定想要小孩，會等覺得準備好之後再生，因為女性的職業選擇變多，輔助生育科技讓女性即使過了最佳生育能力年齡也有可能生產，因而延遲生育時程。

弗斯登伯格寫道：「一九五〇年代的時間表已經不再適用。」

無法複製的過去，難以企及的未來

「但是你還這麼年輕。」

沒錯，我們有的是時間，也的確在慢慢來。芝加哥大學（University of Chicago）國家意見研究中心（National Opinion Research Center, NORC）進行一項大型社會學資料蒐集計畫——社會概況調查（General Social Survey, GSS），擔任主任長達四十年的湯姆・W・史密斯（Tom W. Smith）認為，完成學業和結婚生子的年齡只會越來越增加。他說：「我真的認為這個趨勢一定會恢復穩定，但是並不認為那個時候已經到了。再過十年或二十年，我們不會說這是延遲，而會接受這是常態。」

然而任何人告訴你，「但是你還這麼年輕」時，言下之意其實也是在說，你最終會進入某種標準化的成年狀態。別人叫我們遵循這類時間表，說只要我們照做，就會對自己的人生感到滿意。無論是拒絕某些里程碑，或是接受可能無法達成某些里程碑，弄亂時間表便是違背我們接受的教誨。這些里程碑理應是某個終點，只要抵達這個終點，我們就會知道自己在做什麼、自己是誰。弗斯登伯格寫道：「在過渡到成年期這段期間發生的生命事件，會伴隨著承諾感、目的及自我認同。」

這就是我覺得此時此刻的我們好像困在中間，動彈不得的原因。一方面，我們和以前三十幾歲都是怎麼過的那段歷史綁在一起，預設自己會想要複製過去；另一方面，我們正在打造自己的成年里程碑，像是搬到另一座城市、轉換職涯跑道或凍卵等。我們花時間慢慢釐清自己想要的東西，應付無法控制的難關，發覺自己的人生似乎和原本想的不一樣。

我在新冠肺炎疫情爆發前，展開本書的訪談，並在疫情期間持續進行，當時沒有人能確定這波疫情會為健康、經濟、政治及社會帶來多大的影響。新冠病毒這個赤裸裸的現實，以及隨之而來的死亡、病痛和經濟破壞，具有極大的毀滅性，數個月過去了，生活基本上還在停擺，這樣的停滯，使得把三字頭那十年建構成我們希望的模樣變得更難。

在最好的情況下，疫情引發的動盪讓人變得更自由、看得更透澈。在這個停頓期，我們可以明白每天在做的事是否讓自己快樂；我們懷念與否的事物，讓我們更認識自己。但是無論如何，我們想做出的任何改變似乎比從前更難執行，像是原先對新職涯、新戀情或新房子抱持的那些幻想，甚至有些行動已經完全停止。許多三十世代不是因為失去至親而悲慟、付不起房租，就是無限期失業，或者因為不能舉辦婚禮等因素而延後結婚。此外，疫情也把先前或許一直都存在於意識邊緣的恐懼帶入焦點中心：**我們可能永遠到不了想去的地方。**我們的三字頭年齡可能早就讓人五味雜陳了，如今處於這種不穩定的局勢下，相信自己可以成就想要的事物更像是痴心妄想。看清楚自己的夢想，並且實際追求，變得比以往還要困難。

現在的我們也比以往更容易感到孤單，即使理智上明白自己並不是唯一一個必須重新設想未來計畫的三十世代。早在疫情爆發前，我就想要分享自己和他人拚命釐清三字頭這十年的經歷，但是**此時此刻，談論三字頭人生的心動與心痛，並且藉此交織成一種慰藉，讓我們知道自己正盡可能以最真實的方式走過成年這段路，似乎已成必要。**

釐清究竟想要什麼，而不是被年齡逼著做什麼

我在年滿三十歲時，和兩位室友同住在一棟無電梯公寓的六樓，廚房、用餐區與客廳全在同一個空間，還得共用一間衛浴。家具都是二手的，所以只有一張不是標準尺寸的雙人沙發，以及一張大到無法擺放在房間中央的實木餐桌，牆上掛著一顆

充氣麋鹿頭。

其中一個室友比我早幾個月過三十歲生日，他的狂歡之夜以在浴缸裡嘔吐畫下句點。我非常錯愕，除了隔天早上在上班前沖澡時看見嘔吐物外，也因為那個場景傳達的訊息而震驚：他完全不想讓三十歲的人生比二十幾歲時更安頓下來。

我絕對不要這樣，而是要像大人一樣慶祝，我可是要三十歲了！我請了一位侍酒師，邀請朋友擠進廚房兼用餐區、客廳的公寓裡品酒，我認為這很優雅。

情況正好相反。侍酒師滔滔不絕地講解酒款，可是包括我在內，根本沒有人想聽。他甚至一度站在椅子上，希望我們專心聆聽，但我們還是不理會。他終於閉口不談後，卻開始瘋狂搭訕一位已訂婚的友人，就在她的未婚夫面前。大家都喝得超醉，因為我唯一供應的食物是一些自認為很高檔的開胃小點，像是培根包甜棗。

我們從公寓出發前往舞廳，結果兩個情緒最不穩的朋友撞壞那裡的桌子，因此我們被趕了出去，我就在舞廳外的人行道上邁入三十歲。

我批評室友過了一個看似毫無秩序的三十歲生日，但是縱使本意良好，自己在三字頭的人生也開始得很坎坷，而且從那時候起更是一路曲折。

開始撰寫本書時，我三十九歲，仍然尚未完全過渡到成年期，至少沒有完成社會學家認為應該達到的里程碑。我達成一些想要完成的目標，但是其他讓人生感覺有所成就的事物，則花費很多時間實現，甚至還在實踐中。回顧三字頭的人生，我發現那幾年其實和原本預期的並不一樣，以為在幾年內就會得到的東西——婚姻、穩定的工作、小孩等，在那段期間的大多數時候都懸而未決，甚至有一些到目前為止仍處於未知狀態。不過，花越久的時間釐清自己想要什麼，就越能適應那種不確定感。於是狀態很好時，我會在內外都經歷一番掙扎後，感覺自己辛苦贏得現在的成就。當我得到時，會感到很正確、興奮，並不覺得是**因為自己的年齡而被迫完成這些事。**

成年的自由與迷惘

三十幾歲這個階段的相關研究並不多，許多社會學家和學者曾經針對二十幾歲的人生進行研究與探討，坦承這個階段和以前不一樣了。人們常常大力鼓勵，在這個時期尋找自我、實驗各種事物、探索未來的不同可能。

首先，在一九九〇年代初期開始研究二十世代人生的學者，是在位於麻州伍斯特（Worcester）克拉克大學（Clark University）心理學教授傑佛瑞．詹森．阿內特（Jeffrey Jensen Arnett）。他意識到我們的文化正在發生某些轉變，說道：「我們可以看出結婚的年齡中位數正在增加。隨著經濟轉換到偏知識經濟的型態，有越來越多人接受越來越多的教育，大家開始等晚一點才生下第一個小孩。」

不過，當時的阿內特也正值三十出頭，第一次覺得自己像個成年人，在密蘇里大學（University of Missouri）教授人類發展與家庭研究。因此，他開始詢問學生和密蘇里州哥倫比亞二十多歲的居民：「你覺得自己進入成年期了嗎？」

漸漸地，阿內特和更多二十世代交談，把紐奧良和舊金山的年輕人也納入樣本。他的研究包含富人與藍領階級、從未上過大學的人和還在就讀大學的人、自力更生的人與有父母幫忙支付帳單的人。比半數多一點的樣本是白人，一八%是非裔美國人，一六％是亞裔，一四％是拉丁裔。超過三百份訪談與問卷調查，讓他相信我們應該用有別於以往的方式來思考這十年。阿內特認為，這些二十世代的年輕人處於成年期的前導階段，這從未被當成一個人生階段，因此他命名為「成年初顯期」。

在如今把「成年」當成動詞，來描述擁有一條以上的浴巾，或懂得選購居家盆栽等瑣碎行為的時代，阿內特的研究似乎沒什麼了不起。但在那個時候，外表像成年人和實際感覺自己像成年人之間其實有落差的想法，以及這段時期是以特定心理建構為先決條件的概念，都還不是常識。現在二十世代需要花很多年形成自己的身分認同，是明顯到會讓人翻白眼的事實，但是在二〇〇〇年，當阿內特發表在《美國心理學家》（*American Psychologist*）的文章，表示六〇％的受試者同時覺得自己是大人，但又不是真正的大人時，卻引發一陣譁然。

當時，大多數的心理學家都認同，德裔美籍發展心理學家暨心理分析學者艾瑞克．艾瑞克森（Erik Erikson）的說法，把成年期分成三個階段：早期（約二十到四十五歲）、中期（約四十五到六十五歲），以及晚期（剩餘年齡）。然而阿內特覺得

「成年早期」這個詞彙太過廣泛，無法同時涵蓋包含大學生和四十多歲的人在內的二十五年。

阿內特表示：「把二十多歲的時期視為全新的人生階段，而不只是青年期的延伸，但也和後來的成年早期不一樣，這樣的看法會很有幫助。」

阿內特把這些成年初顯期的人描述成，關注自身又對未來感到不確定；他們之中有許多人談到挫折感，覺得不太明白該怎麼進行自己的人生。不過，他也聽到許多正面的事物。當阿內特詢問他們是否同意：「我非常確定自己有一天會實現想要的人生」這句話時，有九六%的人給予肯定答覆。

在「成年初顯期」，我們仍在尋覓自己想要的人生，做出相關的決定，以及探索自己渴望和排斥的事物，還在思考可能也試著鎖定自己想住哪裡、想做什麼、想愛哪一種人。

阿內特說：「這段期間帶來的自由，真的前所未見。過去，大家都是直接從老家搬到新家，結婚後有了自己的家庭，但是現在我們卻有十年，甚至更長的時間離開父母居住，日常事務由自己做決定，生活也由自己做主。這是一個新實驗，從目前的狀況看來，至少從這些人的說法中可以看出，這個實驗相當成功，人們在這段時期成長茁壯。」

每個人都有各自的人生進度

這並不是說每個人在二十幾歲時都是如此，或是數百年前，這個年齡層的人都不是「初顯期的成年人」，雖然當時阿內特尚未對這些人貼上這樣的標籤。有些心理學家並不認同，阿內特把所謂的「成年初顯期」當作人類發展階段，他們認為這不是一個獨立的發展階段，因為不像嬰兒期或青春期，這個年齡層不是每個人都在差不多同一時間，經歷相同的生理與心理變化。

在麻州美德福（Medford）塔夫茨大學（Tufts University）任教的兒童研究與人類發展教授理查・勒納（Richard Lerner）表示：「這只是一個描述某些年輕人有某些特

質的概念，絕對沒有反映出所有從青少年過渡到成年早期歲月的年輕人，普遍經歷的發展時期。」

的確，每個人都會按照各自的時間表前進，依循自己的步調邁入人生的不同階段，這有時候是自己的選擇，有時候則是外在因素推動（或阻礙）我們得到想要的事物。一直以來，都有那種在野心、家庭及關係之間奔波的人，也有那種年紀相當卻已經鞏固人生各大層面的人。我認為唯一的差別是，無論是否採用「成年初顯期」這個詞彙，如今社會經歷嘗試不同自我階段的人都比以前還多。這個國家和為人父母者現在比較縱容二十世代追隨自己的熱忱，或甚至只是稍微有點興趣的事物，可以朝著自己想要的任何方向培養這些嗜好，不必非得創造出永久的成果。《平價醫療法案》（*Affordable Care Act*）的條款普遍受到喜愛，是因為讓子女可以依附在父母的健保計畫下承保，直到年滿二十六歲為止。此外，經濟條件越好的人越有可能得到更多的寬容，一時衝動搬到其他國家、回到老家住好幾個月、不到一年就辭職，或是不該在單純的交往階段停留這麼久，種種經歷都不見得非要有結果。

可是我們總有一天必須從這個什麼都可以的階段，邁入三字頭的人生，而這十年都還沒有人賦予新的標籤。專家學者從未說過，這個時期呈現的方式應該有所不同。**這好像很不可思議，彷彿我們理應一瞬間就突然想要達成所有傳統的成年里程碑，並且能夠馬上做到。二十幾歲擁有的自由被預設成有一個期限，只因為一個十年結束，另一個十年開始，我們就該馬上奠基自己的人生。**

你，真的還年輕嗎？

「但是你還這麼年輕。」

這也可能是反話，用諷刺的方式告訴你，你其實沒有**那麼**年輕了。

我在電影《婚禮終結者》（*Wedding Crashers*）最喜歡的一幕，歐文．威爾森（Owen Wilson）飾演年約三十的約翰，和文斯．范恩（Vince Vaughn）飾演的傑瑞米，清晨坐在林肯紀念堂的階梯上，來回遞著一瓶香檳，回顧他們上一季瘋狂參加派對，並在無人邀請他們的婚禮上勾搭伴娘的事蹟。

約翰說：「你不覺得我們好像……我是說……有點不負責任？」

傑瑞米說：「不，有一天你會回想這一切，笑著說我們當時多麼年輕又愚蠢，是兩個跑來跑去的小屁孩。」

約翰說：「我們也沒**那麼**年輕了。」

即使我發誓自己不在乎別人做了什麼，但是其實真的很害怕落後。我想，大部分的人都是如此。

年近四十時，我開始思索自己的人生和所有未能在三十幾歲完成的事，然後感到十分恐懼，擔心只有自己如此。我雖然知道有人晚婚、有人職涯不順、有人經濟困難、有人買不起房子，還有女性在黃金生育期結束後才生小孩，但是這些統計資料在我焦躁不安，確信**我做錯**的時候，無法帶來多大的安慰。

不管數字怎麼說，還是擔心別人在三十幾歲時比我更有成就，他們都抵達自己預期會到達的地方，只有我無法振作。大家都下車了，只有我還坐在後座，看著窗外做白日夢。

我想知道自己並不孤單。

失落的人生清單，對未來的無望感受

馬庫斯抵達父母下榻的飯店房間後，坐下來盯著窗外。窗外正下著雨，他發覺自己不想外出用餐，除了現在坐的這張椅子外，他哪裡也不想去。他說：「一切都陷入危機。」人生無法前進，讓他精疲力盡。

馬庫斯的女友L住在芝加哥，兩人已經遠距離戀愛兩年了，現在她想在他居住的地區找工作，搬到有他在的地方。問題是馬庫斯不知道他之後會在哪裡，因為他找工作的範圍涵蓋整個德州。

如果馬庫斯錄取聖安東尼奧的工作，就可以叫女友試著找那裡的工作，他們就能開始規劃她搬來後的生活。可是他求職落選了，因此在和父母見面的那天晚上，除了望著飯店窗外的雨，沒有什麼該做或想做的事。

父母試著讓馬庫斯的心情好轉，告訴馬庫斯一定會有辦法的，他們說這只是一個小插曲，這樣的狀況只是暫時的，要有耐心。馬庫斯也想這麼相信，不過「那就好像有人拿刀捅你，可是你卻想著：『他的手臂最後會痠。』而你真正希望的是對方馬上停止動作。」

馬庫斯感到挫折，並不是因為沒有達成某些里程碑，像是結婚、買房或生小孩，這些都還在他的心裡，但是現在他已經從三十出頭來到三十好幾了，不再覺得有必須按照這樣的架構安排人生的壓力。他說：「年紀越大，這件事就變得越與我無關。感覺很瘋狂。我已經過了一半沒有這些東西的人生，另一半的人生繼續這樣也無所謂。對於房子和孩子，我是這樣說的，這些都還在我的清單上，但我就是覺得**自己已經三十六歲了，都沒有完成最後這幾件事。**」

現在比較像是，縱使馬庫斯決定自己想要那些東西，也不知道該怎麼獲得。他所能看見的，就是沒有安全離開現在這份工作的方法，也不知道要和L說應該搬到哪裡，這就表示他無法清楚思考可能結婚生子的長遠未來。

他說：「第一個和第二個決定還沒確定，就無法做出第十個決定。我不是不知道，而是需要別人告訴我，但是我不喜歡這樣，我喜歡掌控自己的人生。」

馬庫斯覺得自己需要去看心理治療師，他告訴父母，已經試著自己解決問題，但卻沒有成功。

最後，他們沒有外出吃晚餐，馬庫斯就這樣看雨看了三個小時。

曾經的夢想，在現實生活中不停擺盪

就像馬庫斯和我一樣，本書介紹七位男女想像的三字頭人生，與他們實際上過的生活不同。查爾斯原本以為他會完成學業（並且還清貸款）；莎莉原本以為她會結婚；雅辛原本以為他會變得富有；尼克與穆麗兒原本以為他們會成為知名的喜劇演員；亞當不認為自己會成為在家照顧小孩的爸爸；艾碧嘉兒原本以為她會有一個孩子。

但是他們都有一個共通點：他們還沒有認輸，還在努力適應夢想的轉化與改變，以及更動後的現實代表他們應該如何過完這三字頭的十年，還有剩餘的人生。

他們之中有人三十出頭，有人則是三十好幾，甚至快要四十歲，他們來自全美各地，族裔和背景不盡相同，擁有的收入與債務也不一樣。

但他們都是個體，不能用來代表所有三十世代。我不是帶著絕對的眼光觀察經歷這十年的每個人，而是對當時仍在撰寫人生劇本，在不知道接下來會發生什麼事的自由，與沒有地圖指引的恐懼之間擺盪的那些人感興趣。他們不知道自己何時或是能否到達，也不知道自己還想不想要曾經想要的事物。

我追蹤的這些個體全都屬於今日處處存在的中產階級，所以都擁有這個階級的思維和保障，他們的經濟狀況足以讓自己覺得能有所選擇，因此會試著依照自己的渴望來安排三十幾歲的人生；不過，他們的生活也沒有安穩到確定自己能夠過著想要的人生。

他們向我傾吐自己的勝利與失敗、好與壞的時光。有時，他們覺得自己就快要得到想要的東西了；有時，他們心情低落，感到挫折。他們把自己全部攤開，從日常生活最渺小的層面，到關於未來那些可吞噬一切的巨大擔憂與渴求。

我用社會學家定義的成年期里程碑安排章節：一、完成學業；二、搬出家裡；三、進入婚姻；四、職涯成長與財務自由；五、撫育下一代，這並不是因為我想要認同這些標準，但是大部分的人在某個時間點都會和這些東西展開角力。它們是社會給我們的框架，你可能在努力取得學位；可能在想方設法繳納房租；可能在考慮結婚；可能在思考要怎麼存到足夠的錢才能感覺安心；也可能在思索自己想不想要小孩。

無論我們正在為了什麼而努力，或是必須接受自己永遠得不到什麼，這一切都很難。成年期不再非得依循一個嚴格的順序，沒有什麼是必需的，但這也讓一切成為未知。

承認以下這些想法，感覺是不對的：**我還在努力、我不知道這樣對不對、我以為不會這樣、我做不到。**可是，有好多人就是這樣度過這十年的。

我們不會回到成年人亦步亦趨，逐一完成各個里程碑的時代，但是這並不表示我們沒有共同改變三十歲時的樣貌。個人做出的決定，以及全體對於變化中的文化與世界做出的適應，都在幫助我們重新定義這十年。

我的三字頭人生該何去何從？

渴望秩序，想要知道這會怎麼結束？這個問題的答案，是很自然的。

然而這個故事講的不是結束，而是度過三字頭時期的新方式。我們正勇敢面對長久以來成年期被規定應該完成的目標，同時做出艱難的決定，釐清我們想要的與必須放下的東西。

我們正根據自己的舒適度和能力來建構人生，除了順應無法控制的外在力量外，也聽從自己的優勢和劣勢。我們要回答另一個問題：這會帶我們到哪裡？

我們都知道那是什麼樣子：有時舉步維艱，有時充滿可能。我們在督促自我和勉強生存之間來回轉換。有勝利、有挫折，有起跑失誤、有重走的路，也有持續不懈的努力。我們為自己設定的目標和時間表可以修正，也可能消失。但是無論如何，**人生並不是整整齊齊地灌入成年人的模具，而是我們正在自行釐清自己的三字頭人生。**

我們想要的很多，我們不知道能不能得到，我們還這麼年輕。

第一章

完成學業

「都幾歲了還在讀書？什麼時候才要出社會？」

學生，已經從一個階段，變成一種狀態，它象徵的不是尚未獨立與不夠成熟，而可以是獨立與成熟後的自主選擇。然而，面對已經在職場上馳騁的周遭友人，該用什麼樣的心態，繼續這段過程？

我還記得在二十二歲時，有人說：「哦，我三十一歲。」我就覺得他好老，但是現在我三十一歲了，卻完全不這麼覺得。

——查爾斯

我以前曾經認為，等到長大後，我的人生會和一九五〇年代的成人一樣。那時候，中產階級和流行文化呈現的模樣是：男人和女人結婚了，男人會工作，女人則不一定，他們在郊區擁有一棟房子，也有小孩，每天晚上全家人會一起吃飯。

我小時候就開始想像這樣的生活，我是白人，由中產階級撫育，即便是在一九八〇年代成長，比一九五〇年代晚了三十年，父母的生活方式還是和一九五〇年代的版本一樣。

我的父母在二十六歲結婚，現在還在一起。他們在達拉斯的郊區買了房子，也在那裡養育我和哥哥。母親曾經擔任老師，但是在我出生前就辭職了，直到我上中學後才重回工作崗位，爸爸穿著西裝下班回家時，她已經為全家人煮好晚餐。飯後，爸爸會告訴我和哥哥：「幫媽媽收拾。」然後整晚不見蹤影。

隨著年紀漸長，到了高中尾聲和大學時期，我開始懷疑自己是否真的想要這樣的生活。母親和阿姨帶我到紐約市，作為高中畢業禮物。我瞠目結舌地走在紐約街頭，立刻就愛上那裡。我對自己說：「總有一天一定要住在這裡。」大學畢業後，我就搬到紐約，努力成為作家。我的近期目標是擁有一間公寓，自己住在城市裡，感覺還可以等很久才結婚，不確定會不會想要小孩。雖然如此，我還是一直嚮往一九五〇年代的成年期模式，我將房子、丈夫和小孩視為人生的終點，無論是否還有其他的幻想存在。

現在，我還是很困惑：**為什麼我會一直把那個年代當成標準？為什麼我顯然在試著尋找自己的成年版本，卻仍無法拋開那個標準？**

太多選擇反而讓人無所適從

社會概況調查計畫前主任史密斯表示，一九五〇年代會如此深入滲透到我們的文化之中，部分原因在於目前的成年人大多是出生於一九四六年至一九六四年間的嬰兒潮世代，因此有很大的比例是在那個年代長大，他們看著自己的父母那樣生活，即使自己沒有那麼做。史密斯說：「你不可能擁有一九二〇年代的美國曾經是什麼模樣的現存記憶，因為親身經歷那個年代卻還活著的人不夠多。不過在一九五〇年代成長的人還有很多，所以能構成現存記憶的一部分。」

再加上當時電視剛剛問世，有些美國生活最具代表性的影像就來自那時候：整齊低矮的房屋、方正的庭院、低矮的籬笆、穿著圍裙的媽媽、放下公事包的爸爸、躺在地板上看電視的兩個小孩。

集體記憶和理想化的描繪，把那個時期浪漫化了，讓人覺得當時的生活比較簡單。這種感受到的愜意，有一部分來自人們有腳本可循，成年人被預期要用某種固定的方式生活。德州大學奧斯丁分校（University of Texas at Austin）歷史學家史蒂芬·明茲（Steven Mintz），撰寫《生命的全盛期》（*The Prime of Life*）一書，探討現代成年人面臨的挑戰。他說：「婚姻在當時被認為是普世做法，不是一個可以選擇要不要的決定，就連許多同志也有（和異性）結婚，因為人們假定他們會如此。人們假定婚姻是人生腳本的一部分，買房是人生腳本的一部分，婚後生小孩也是人生腳本的一部分。」

這個腳本讓人們不必選擇人生該怎麼過，他們很清楚故事會有什麼結局。所以，即使這意味著他們必須受限在固定的模式中，卻也不必為了要和當下喜歡的人結婚就好、等待更好的對象，或是乾脆不結婚而苦惱；他們不必在繼續從事當下的工作和回學校念書之間做選擇；生兒育女這件事是無庸置疑的。明茲說：「這樣的模式具有某些心理方面的好處。我個人的看法是，我們現在有太多選擇了，這通常是好事，但也會帶來極大的壓力、緊張和焦慮感。」

撰寫《我們未曾如此》（*The Way We Never Were*）一書，批判美國人對一九五〇年代懷舊感的歷史學家史蒂芬妮．昆茲（Stephanie Coontz），也**不認為當時的生活較好，但卻明白人們為何會渴望活在所有選擇都有人替你決定的時代。**她說：「一個人走進一家選擇太多的商店，有時會乾脆離開，因為他無力招架。當我們的人生有越來越多的選擇時，事情就會比只有香草和巧克力這兩種口味可選時，更困難也更容易引發焦慮。」

出於自卑，想要比別人更加努力

雅辛在過完三十一歲生日幾個月後，對共同創辦運動粉絲社群應用程式的商業夥伴表示：「真不敢相信我三十歲了。」對方告訴雅辛，其實是三十一歲。雅辛說：「我沒有意識到自己已經三十歲了，還不只是剛好三十歲，而是三十歲又多一年半，我真的意會不過來。」

雅辛在這陣子意會過來的，大部分是工作時收到推文、聊天訊息、電子郵件或簡訊的通知聲，他的人生是由一連串的嗶嗶聲組成。他很容易坐在電腦前，不知道自己是坐了一小時或四小時。他說：「有好多事情正在進行，我根本無法留意時間。」

二十幾歲時，雅辛在摩根大通（J.P. Morgan）和摩根士丹利（Morgan Stanley）工作，替上市公司的主管管錢，在兩家銀行都獲得升遷。這些工作讓他賺到很多錢，而這是他在位於紐澤西州麥迪遜的德魯大學（Drew University）主修經濟學與政治學，輔修中東研究時就想做到的。

雅辛是一個執著又有野心的人，一心只想讓自己研發的應用程式成功。他大部分的時間都在談論工作，並且不時使用一些公司特有用語，像是他希望達成的「標竿」，還有什麼時候「我能賺大錢」。不過，他也會分享自己的情感，即使必須坦承羨慕或淚水。他說就讀大學時，「我覺得周遭的人都很有錢，他們擁有的比我多，讓我極度缺乏安全感。」同學都駕駛爸爸買的Range Rover，因為他們的父親都是投資銀行的執行合夥人。相形之下，雅辛的父母從土耳其移民到美國，換過很多工作，試過很多商機，努力賺取足夠的收入養育他和三個手足。雅辛的父母在紐澤西州林肯公園（Lincoln Park）購屋，雅辛必須和三個兄弟同睡在一個房間，但是家中的經濟從來不曾享有長時間的富裕，有時過得很好，有時候則不是如此。

在學校，雅辛無車可開，因為擔任宿舍幹部，所以無須繳交住宿費。他多接了幾個在餐廳當服務生的班，用得到的小費買了一輛二手賓士（Mercedes-Benz），這是他第一次為了不在周遭的富裕小孩身邊感到自卑所做出的努力。他告訴自己：**我知道我可以比這些人更努力。我要拚命，我要有所成就。**

有一段時間，在銀行業的工作完全給了他想要的，他說：「我根本是在吐錢。」但是其實他不曉得怎麼處理這些錢，沒有什麼需要花錢的地方。雅辛是穆斯林，不喝酒，一點也不想去夜店玩到凌晨三點，而是想早起和朋友一起騎單車。他表示：「二十五歲時，我以為自己想清楚了一切，但其實不是如此。我有錢，就只是這樣。」

看似美好，卻也殘酷的往日歲月

一九五〇年代除了被理想化為較單純的時代，人們會如此鍾情，也是因為那時候美國的經濟環境較為優渥，工作機會多、薪水好，消費者債務也幾乎不存在。當時的美國人絕大多數是中產階級。根據明茲的數據，這表示家庭年收入介於三千至七千美元（相當於現在的三萬兩千至七萬五千美元）。

明茲表示：「其中的差距就像擁有一輛雪佛蘭（Chevy）和別克（Buick）的差別，與擁有一輛ＢＭＷ不同。」那時候，大部分的人也都有房子。他說：「你就算在工廠工作，也能擁有一棟湖畔木屋，不會覺得自己貧窮，會覺得自己過得很好。」

但是這個繁榮時代有一個殘酷的現實，就是白人男性受惠的程度不成比例，白人女性可以躋身中產階級，主要是透過婚姻，而非自身的努力，至於非裔美國人更是幾乎徹底被排除在外。大專院校、公司行號、建商及政府的政策，都讓他們無法獲得任何財富。昆茲表示：「他們位居最底層。」

在一九四四年第二次世界大戰期間，政府通過《軍人權利法案》（*G.I. Bill*），其中又以賦予退伍軍人免費大學教育最為人所知。到了一九五六年，約有兩百二十萬名退伍軍人從中受惠，但是即使也有一百二十萬名黑人以種族隔離的軍階身分參戰，實際上卻被排除在新法之外。當時的退伍軍人協會（Veterans Association）鼓勵他們申請職業訓練，有時候甚至是任意剝奪他們的教育福利。

黑人退伍軍人若是申請學校，北方的大學會遲遲不讓他們入學，而南方的大學則是完全拒絕。歷史學家希拉蕊・赫博德（Hilary Herbold）在《高等教育裡的黑人期刊》（*The Journal of Blacks in Higher Education*）中寫道：「理論上，國會雖然賦予所有軍人相同的福利，但是幾乎所有高等教育機構都存在種族隔離政策，因此在實際上阻止大量黑人退伍軍人取得大學學位。」

缺乏大學文憑讓他們無法得到更穩定、更優渥的工作，非裔美國人主要從事一些低階的勞力工作，雇主包括公私部門。就連大學畢業的黑人有時也只能找到這類職缺，被僱用後也無法獲得升遷。例如位於孟斐斯的萬國收割機（International Harvester）、南方鈴電信（Southern Bell Telephone）和孟斐斯總補給站（Memphis General Depot），這幾家大公司只僱用黑人從事最低薪的工作。

歷史學家埃拉‧卡岑涅森（Ira Katznelson）在《平權行動一片白的時代》（*When Affirmative Action Was White*），這本關於二十世紀種族不平等現象的著作中，寫道：「《軍人權利法案》是戰後美國把原本已經很大的種族差距變得更大的最強大工具。」

背負學貸，成為另類的成年里程碑

隨著時間的推移，民權運動讓更多弱勢族群被大學接受（進入大學就讀的女性人數也比從前還多），而政府也推出各項法案，協助負擔學費。《一九五八年國防教育法案》（*Defense Education Act of 1958*），針對可能幫助美國超越蘇聯的科學與科技相關領域的學生提供經濟援助；《一九六五年高等教育法案》（*Higher Education Act of 1965*），則補助窮困與勞工階級的學生。

但是，政府後來也從直接負擔學費的方式，漸漸發展出越來越複雜的聯邦與私人貸款制度。起初，這種做法似乎沒問題。信用卡越來越普及，美國人也越來越習慣個人債務的概念。況且就讀大學被視為很好的投資，保證你能錄取高薪又有福利的工作。一九七二年，美國總統理查・尼克森（Richard Nixon）創辦沙利美（Sallie Mae），在當時是一家由政府資助的學生貸款公司。

就學率在一九八〇年代持續攀升，但是學費也跟著水漲船高。從一九八〇年代晚期到今天，學費的漲幅是通貨膨脹的四倍、家戶所得的八倍。

中產階級的所得範圍也擴大了，現在年收入介於四萬至二十五萬美元之間的家庭都算是中產階級。

很多中產階級的家庭無法再負擔子女就讀大學的費用，學生畢業就背負學貸，和他們在畢業前找到自己最愛喝的平價啤酒一樣常見。據估計，美國有四千五百萬人背負學貸，總額約為一兆五千萬美元，比美國人積欠的卡債或車貸還多。

記者M・H・米勒（M. H. Miller）攻讀紐約大學（New York University）學士和碩士學位時，背負超過十萬美元的學貸，由父親擔任連帶保證人。小時候，他家的收入只夠支付帳單，話題總是圍繞著東西的花費打轉，但是在提及米勒接受教育每年要花費的五萬美元時，父母只是不斷告訴他：「我們會想辦法的。」

米勒畢業後，想的大多是要如何繳納貸款。每次拿到薪水，他就會扣掉房租、生活所需的最少糧食（一盒雞蛋和一罐豆子），還有每月還款金額，薪水一直不夠充裕。他在為《隔板》（*The Baffler*）撰寫一篇關於償還債務有多困難的文章時，寫道：「要怎麼在不拖欠的前提下，購買食物或支付租金，是在我生活裡反覆出現的難題。在最低潮時，我曾想過死亡，不是因為有自殺傾向，而是因為死亡代表我能解脫，不必再努力想出解決辦法。我覺得自己的人生被規定了一個價值，我知道自己價值多少，但卻無力負擔，所以不如早點了帳。」

某天在布魯克林區吃晚餐時，米勒問父親如果自己真的自殺，貸款會怎麼樣。父親用理所當然的口吻回答，那就要由他承擔債務。

接著，父親露出微笑。米勒寫道：「我覺得這個笑容很僵硬。」

父親告訴他：「聽著，這只是一筆負債，沒有人會因為這樣而死。」

如今米勒三十出頭，不再和父親共同承擔債務，妻子在可以幫忙時，就會協助繳納每月還款金額，米勒寫道：「這是令人鬱悶的小勝利，可能是只有我這個世代才有的里程碑。」

現在米勒的債務和剛開始還款時的金額差不多，但是已經不再像當初那樣對他造成明顯的影響。他寫道：「和我的升學決定所帶來的附加結果共存十年後，現在的我把債務想像成一位酗酒的親戚，雖然已經疏遠，但還是會在開心的場合出現，破壞氣氛。」

專心求學與清償債務之間的兩難

三十一歲，住在佛羅里達州傑克遜維爾（Jacksonville）的查爾斯，背負七萬五千美元的學貸，更糟的是他尚未取得學位。

打從二十出頭，查爾斯就一直努力想要完成學業、付清貸款。二十二歲時，他加入佛羅里達州陸軍國民警衛隊（Florida Army National Guard），因為警衛隊表示，只要服役六年，政府就會代為償還高達五萬美元的債務。當時，查爾斯已經在位於佛羅里達州橙園（Orange Park）的聖約翰河州立大學（St. Johns River State College）取得副學士學位，並計畫攻讀金融領域的學士學位。

查爾斯辦理休學，加入警衛隊，既是因為覺得在背負更多債務前，先還清原本的債務才是聰明做法，也因為厭倦讀書了。查爾斯說話直接坦白，就算批評自己時也是如此，有時他真的會對自己說重話，好比他常說：「我是一個很笨的學生。」

查爾斯是白人，出身軍人世家，父親和兄長都加入軍隊，父親在海軍任職，兄長則在陸軍。他說：「我們家的男人都是（在軍隊裡），所以這是我求助的管道。」當時他報名加入的步兵單位正要被派到科威特，進行科威特與伊拉克之間的護衛任務。查爾斯也想前往，可是在結束基礎訓練時，單位已經調派出去了，因此他最後留在後方分遣隊，也就是待在後方負責支援遠方調派士兵的隊伍。他說：「我加入軍隊是為了外派，無法擁有和那些被調派出去的人一樣的經歷，讓我無法釋懷，我有點氣惱，覺得自己不是真正的後備軍人。」

兩年後，查爾斯未能通過一項體適能測驗，所以警衛隊不願替他償還任何債務。查爾斯表示，入伍時並不知道有這項規定。

即使如此，查爾斯也不覺得這次經驗完全是不好的，而是把它稱為「在我人生中最美好的最糟糕時刻」。他也很樂觀地相信，自己有朝一日會取得學位、還清債務，雖然他從二十出頭以來就沒有什麼進展。查爾斯還差兩個學期的課程便能完成學士學位，因此希望可以在一年內做到，卻又覺得鞭策自己上課和念書很難。

不要一直去想那些事，是查爾斯保持正面積極的方式。他不是在忽視現實，他承認自己的失敗，但是也想談論其他事情。他常常說：「但這就是人生。」然後轉移到其他話題。

他說：「我就是盡我所能了，雖然我並不總是會竭盡全力，但是你也知道，繼續走下去就對了。」

除了讀書外，查爾斯還在銀行擔任全職貸款專員，薪資採取論件計酬，表示他沒有固定收入。他的月薪差異相當大，從一千八百至一萬美元都有可能，所以即使他計畫每個月繳清所有的帳單，但若是賺的錢較少，就得把其中一部分延後到下個月繳納。

查爾斯努力攻讀位於傑克遜維爾的佛羅里達州立大學（Florida State College）金融學位。他在每個學期會選好課，告訴自己這次一定要好好上課，非完成學業不可，但是最後往往會退選，通常是因為必須工作又要上學，讓他覺得無力招架；有時候也是因為，無法立即得到回饋的話，上課實在太麻煩了，他寧可待在家裡，反正他的工作也不需要大學文憑。

雖然現在是這樣沒錯，但查爾斯也坦承這是目光短淺的想法，他想在銀行獲得升遷，可是沒有學士學位會造成阻礙。他告訴自己，明年一定要完成學業，部分原因是在那時候銀行將會空出一個需要學歷的職缺，在那個職位上的人即將退休，查爾斯告訴上司想接替對方，他說：「我把話說得很明白。」

之前查爾斯曾面試銀行內部的幾個職缺，但是都沒有錄取，他相信這是因為缺乏大學文憑。雖然沒有人這樣告訴他，不過他說：「其他求職者都是企管碩士。」

學歷，是擁有機會最不可或缺的參數

回憶錄《垃圾場長大的自學人生》（*Educated*）的作者泰拉．維斯托（Tara Westover），描述在排拒正規教育的摩門教家庭長大後，攻讀博士學位的經歷。她在《紐約時報》（*The New York Times*）寫道：「我現在過的生活和小時候的生活不一樣，我是被推進到目前的人生，而驅動我前進的引擎是大學教育。」

這就是大學的理念，大學賦予人們機會，超越人生為你設下的任何參數，諸如待在家鄉、和父母從事同樣的工作，或是不敢追求成為藝術家，或創辦公司等充滿不確定性的職業。

我的雙親在家族裡是第一個就讀大學的世代，他們來自同一個城鎮，也就是威斯康辛州希博伊根（Sheboygan），兩人的父親在同一家皮革廠工作，一個在製造區，另一個則在人事部門。父母利用取得的學位，得到專業領域的工作，父親在職涯之初擔任空軍官員，母親則是老師。媽媽常告訴我，她可以上大學，完全是因為她的姊姊堅持要就讀，她必須和我的外祖父抗爭，因為外祖父不想送女孩去念書。

今天要跳過大學，直接進入職場，基本上是不可能的。青少年發展專家暨費城天普大學（Temple University）心理學教授勞倫斯．斯坦伯格（Laurence Steinberg）說：「就連只念幾年大學，沒有取得學士學位，都有很大的風險。」

我會就讀大學這件事一向無庸置疑，雖然離家讓我害怕，父母在聖誕節送我行李箱時，我哭了。我也不必貸款，因為父母和一些小額獎學金代為支付德州大學奧斯丁分校的學費。

我也從不認為，大學教育會提供一條人生道路，因為認為自己已經在路上了。大學並不像是跳板，而是預先決定好會在高中畢業後花一段時間進行的事。這並不是說我在那幾年沒有為將來的職涯和自我做準備，我踏出分享自己文字的第一步，並學習面對批評。有一位教授拒絕我的文章草稿，在紙上寫道：「你需要受到鞭策。」我結識在家鄉絕對不會遇到的朋友，他們帶我走出自己的圈圈，讓我認識壽司、阿妮．迪弗朗科（Ani DiFranco），還有男生說我笑起來一定很好看時，不要反射性微笑的道理。

維斯托寫道：「大學失去轉變的力量嗎？簡單來說，不，並沒有。我們活在知識經濟裡，人類資本從未像現在如此珍貴。」

但是這不代表每個人在通往成年期的路上，一定要取得學歷（同時付出龐大的花費）這件事是應該的。社會學家崔希．麥克米倫．柯頓（Tressie McMillan Cottom）在《學歷社會》（*The Credential Society*）這本研究二十世紀美國教育擴張的著作中寫道，對於大學學位的需求，並不是受到創新或技術方面的需要驅動，而是社會壓力的產物，當權者讓年輕人覺得自己需要學位，不管取得學位要花多少錢。

因此曾經能帶來經濟流動的東西，變得和前幾代人眼裡的高中學歷沒什麼兩樣，是成為受尊重成年人必備的身分地位，完成大學教育是繼續過完剩餘人生前必須要做的事。

然而，即使大學學位變成另一個需要打勾的項目，並不是每個打算畢業的人都有可能畢業。能否畢業有很大一部分取決於父母的收入，出生在所得位於四分位數最前面家庭的孩子，有七七%會在二十四歲前取得學位，但是對四分位數最後面的人來說，這個數字只有九％。

黑人與拉丁裔家庭較沒有財富可言，即使他們上大學的比例逐漸追上白人，也不像白人那麼快取得文憑，部分原因在於學費越來越高。根據當前人口調查（Current Population Survey）的數據指出，在二〇一九年，二十五歲以上的白人中約有四〇％擁有學士學位以上的學歷，而黑人為二六％，拉丁裔則是一九％。

換句話說，原本就在頂端、負責僱用他人，並規定這些學位是必要條件的人，同時也是最有可能獲得學位、從中獲益且維持在頂端的人。

維斯托寫道：「其中的含意很清楚：**教育體系並未改造最需要教育者的生命，而是把越來越多機會讓給最不需要教育的人。**」

還款、工作與生活的平衡

查爾斯和男友馬特一起住在兩人共同持有的房子，銀行的上司一直告訴他，如果他很認真地想要推銷貸款給別人，就必須擁有自己的房子。

那間房子要價二十四萬美元，建於一九二六年，有兩層樓、寬闊的門廊及同樣寬廣的陽台。由於查爾斯賺的錢不夠多，所以無法獨自取得貸款，就算他有辦法，利息也會很高，因為他的信用沒那麼好。除了學貸外，查爾斯還有卡債和車貸，有時並未如期繳納，因此相處七年的馬特，便成為他的連帶保證人。

查爾斯從四〇一(k)退休帳戶借出一萬四千美元，支付房屋頭期款和代辦費，他也知道這麼做會有很大的風險，因為如果離職，就必須盡快償還這筆錢。但是他並不打算離開公司，也很驕傲自己開始動用退休金計畫，這樣一來，就可以從自己的帳戶借錢。

此外，有一位室友租下整棟房屋的上層，在查爾斯和馬特每個月要支付的一千八百九十美元房貸中，他會貢獻五百美元。他是馬特的朋友，有時候晚上會一起到舞廳，但是查爾斯通常選擇待在家裡，因為他們都要到十點或十一點才會離開。其實查爾斯比較希望沒有這個室友，家裡只有他和馬特，他表示：「有時候你會想有自己的空間，你懂嗎？可是我們必須讓別人住進來，一起分攤費用。」

和客戶討論貸款時，查爾斯會想到自己貸款遇到的困難，不是所有客戶的貸款都會被核准。當查爾斯必須告知對方資格不符時，會有技巧地應對：「我不是說『你不能貸款』，而是『現在還不行』，所以我們一起想想，要怎麼讓你順利取得貸款。」

馬特在一家監督領養家庭的非營利組織工作，同時也在佛羅里達州立大學就讀，努力取得社工碩士學位。他和查爾斯都在上課時，會一起在餐桌上寫作業。

查爾斯之前退選上學期的課程，但是新的一年又重新加選，將在一月開始上課。註冊完成後，他馬上傳簡訊告訴馬特，馬特回覆：「耶！做得好。」

每天早上，查爾斯會穿著T恤和牛仔褲去上班，馬特則會穿西裝、打領帶，因為他通常需要上家庭法院。他們會互開玩笑，說誰比較認真工作。

他說：「我是在拯救兒童。」

查爾斯反駁：「我是在拯救美國夢。」

查爾斯容易衝動行事，卻也很能坦然接受自己一時興起帶來的任何後果，因此兩項特質達到平衡。某個週末，查爾斯再也無法忍受他和馬特房間裡粗糙不平的牆面，因為這讓他想起十歲時，父母分居一年搬進的廉價公寓，那間兩房公寓也有一樣的牆壁，其中一間房間完全是空蕩蕩的。

查爾斯心想：「我要把它改成石膏板，一個週末就能完成了。」結果他拆除所有牆面，又決定一併拆除天花板，燈具也應該換新。他說：「我做事常常這樣，會想說：哦，這很簡單，結果卻做了最困難的事。」他尚未完成這項工程，兩人的房間已經亂了好幾個星期。

還有一次，查爾斯幫自己和馬特預訂蒙特婁的假期，他們每年都會到奧蘭多的迪士尼次界（Disney World）一、兩次，但是已經有三年沒去過更遠的地方。到蒙特婁的機票很便宜，一張只要三百零五美元，查爾斯覺得很划算，所以馬上就買了。然後，他想起自己的護照遺失了，因此必須多付一些費用，才能盡快拿到新護照。他說：「到頭來或許也沒有那麼划算。」

等到工作穩定，就能好好結婚生子的迷思

從二十幾歲到三十出頭，我一直住在紐約市，大多數時候都專注地耕耘作家生涯，因為這是我唯一百分之百確定想要的東西。

我並未過著曾經憧憬的一九五〇年代模範生活，但是也沒有忘記。我想，等到事業和財務穩定後，就可以準備結婚生子。我一邊這麼想，一邊擔心可能必須做出的妥協。如果我假想的丈夫想離開紐約怎麼辦？我要怎麼在工作與照顧假想的小孩之間取得平衡？雖然如此，我還是告訴自己，一旦事業穩定了，我就能從那裡出發，準備好實現心目中的人生樣貌。一部分的我認為這些都會自然發生，就好像把剩餘的清單項目全數勾選需要的動力，全都來自事業上的成就。

我當時正在為名叫《細節》（*Details*）的男性雜誌工作，就和許多其他雜誌一樣，它現在已經不復存在。但是除了那裡之外，我還替其他雜誌、報紙和網站撰文。我無時無刻都在工作，努力讓編輯分派工作給我，撰寫那些文章，接著爭取下一篇編

輯可能指派的文章。我熱愛這份工作，也很喜歡每次拿到新案件或成功發表一篇文章時，覺得自己有所進展的感覺。我在鞏固自己想要的職涯，把它變得穩定牢靠，接下來的人生就可以圍繞著它運轉。

此外，我也總是覺得需要更多錢來支持自己喜愛的兩件事，就是和朋友出去玩與買衣服，以及儲蓄。我試著存到一筆會讓自己更安心的數字，雖然並不知道確切的數字究竟會是多少。我除了替《細節》工作，幫其他媒體撰稿外，週日還在《體育畫刊》(*Sports Illustrated*)擔任調查員，以時薪二十二美元查核撰稿人在文章中提到的事實是否正確。那些時光相當漫長，我常常在凌晨一點過後才回到家（然後轉個身，週一又得到《細節》上班）。可是我很喜歡待在那間辦公室，身邊圍繞著因為這本雜誌歷史悠久，似乎比先前待過的許多其他地方都還有分量的撰稿人、編輯及文字。此外，辦公室裡有電視可看，早上還能吃到貝果，晚上也有外燴可吃。不過即使有著這筆額外收入，我還是在刷父母幫忙繳費的信用卡。

後來，我得到一份新工作，在為了改變人們閱讀早報的方式，只推出平板版本的

《日報》（*Daily*）擔任記者（它最後並未成功創造變革，現在同樣不復存在）。這下子，我的收入讓自己覺得可以辭掉週日在《體育畫刊》的工作，並且歸還父母的信用卡副卡。在這麼做時，我的眼裡泛著淚光。此外，我也成功推銷很多企劃，有些接受企劃的公司是我整個職涯一直嘗試接觸的公司。當我在手機上看見《紐約客》（*New Yorker*）編輯寄來的信，表示接受寄去的創意時，我興奮到在人行道上奔跑。

對方寫道：「我們希望您願意試試看。」

我當時有男友，但是他住在美國的另一頭。關於要怎麼待在同一個地區，我們有過諸多討論，他希望我搬去那裡，我希望他搬來這裡，但是我們也接受繼續維持現狀，把工作放在第一位，至少目前如此。

突如其來的裁員打擊讓幻想破滅

三十三歲時，我已經努力在雜誌龍頭之一的《婦女健康》（*Women's Health*），晉升到職涯中第一個高位，我是資深編輯，對於職稱裡有「資深」一詞感到興奮不已。我在雜誌社可以做出重大的決定，這份工作的收入讓我得以開始儲蓄，這就是我在尋找的安穩。

接著某個週三，在一個看似稀鬆平常的工作日午餐時間結束後，老闆找我過去。她問：「妳可不可以到會議室一下？」

到了會議室，一個表明隸屬於人力資源部門的陌生女性請我坐下。我都還沒坐在椅子上，她就說：「妳的工作將被裁撤。」我當時穿著仿皮褲和洞洞毛線衣，這樣的裝扮立刻讓我覺得不自在。我怎麼會這麼愚蠢，以為自己是有穩定工作的專業人士？對方給了我一些文件，我走回辦公室，一邊看看有什麼想要馬上帶走的東西，一邊忍著不哭。我找了一個大袋子，是那週稍早買來在辦公桌當零食吃的優格蝴蝶餅包裝，這個事實只是讓我覺得更加可笑和沮喪。然後，我走出大樓，迎接晴空萬里的春日午後，心想：**我的人生完了。**

我所努力的一切，就在一間會議室裡，不到五分鐘內被奪走了。

我走在路上，打電話給父母，告訴他們發生什麼事時，情況變得更糟。接電話的是我爸，他聽完這個消息後，說：「妳現在要怎麼做？妳有計畫嗎？」

我沒有，那一刻我覺得自己一無所有。我認為職涯毀了，財務穩定也不存在，我又回到試圖整頓好人生的起點。我唯一確信的事物消失了，因為我把一切都建立在那之上，所以也沒有其他東西了。

我記得被解僱後，哭著對男友說：「這下子我要怎麼得到產假？」雖然我其實並不確定自己是否想要小孩。是的，我為自己設定的人生次序，還有認為事業穩定後就能放心決定其他事務的信念，就是這麼牢牢地綁住自己。

我心想：**我的人生和預期的完全不一樣。**

創業者故事，不一定是創業者「成功」故事

雅辛告訴家人，包括父母和兄弟，以及叔叔、阿姨與表親，他要辭去銀行的工

作，創辦一家公司。雅辛和每個親戚都很親近，他們有一個家族群組，每天都會互傳數百則訊息。

然而，雅辛並未得到他想要的支持，大部分的人都不明白他為什麼不待在銀行。就連幾年後的現在，他已經取得一些成功了，還是有很多人覺得他做的事有點瘋狂。雅辛說：「現在這時候，我的口袋裡還沒有五百萬美元，所以直到這件事實現前，他們都會覺得我決策錯誤。」

父親是最能理解，也最鼓勵雅辛的人，這很正常，因為他以前也想擁有自己的事業，在雅辛小時候開了很多家公司，試圖讓其中一家維持獲利。

雅辛很尊敬父親，除了欽佩他的工作倫理外，也很崇拜他的聰明才智。雅辛說：「他是一個天才，我從未想過要像父親一樣聰明，那幾乎是過度了。」雅辛的父親在位於土耳其安卡拉的中東科技大學（Middle East Technical University），以全班第一名的成績畢業；雅辛表示，這所學校就像是中東的麻省理工學院（Massachusetts Institute of Technology, MIT）。雅辛的父親來到美國，想從事石油工程工作，幾年後再回到土耳其從政，但從未實現。他繼續待在美國，卻沒有展開工程師的職涯，而是做了洗碗工、廚師及豪華轎車司機等卑躬屈膝的工作。

後來，雅辛的父親和叔叔買了兩輛豪華轎車，開始租賃豪華轎車的生意。生意失敗後，他們買下兩家餐廳。之後，先後經營過餐車和麵包、餡餅的銷售生意。雅辛說：「他竭盡全力，和我叔叔一起做了一些生意，但是你絕對不會在《公司》（*Inc.*）這樣的商業雜誌上看到他們。」

雅辛說話並不衝動，如果他在思考某件事該怎麼做，喜歡靜靜坐著思索，需要花多久時間就會花多久。有時，他在回答問題前會停頓很長一段時間，讓人以為他並不打算回答。

他表示：「我的父親沒有創業者成功故事，但我卻覺得他是典型的創業者故事，也就是要對人生的際遇逆來順受。你會鼻青臉腫，有時會比一開始還窮，身為創業者，特別是移民創業者，這是非常典型的故事。」

儘管如此，雅辛還是受到父親的執著與犧牲所啟發。他說：「我看著他拚得死去活來，我也有類似的毛病，但我不在意。」

這就是雅辛在凌晨三點還在製作預算試算表的原因，也是他有辦法在三十人的家族感恩節聚會中，用筆電監看應用程式數小時的原因，縱使這是他最喜愛的節日，其他人都在大聲喧譁、說笑，並且十分開心。他說：「他們看我的眼神好像在說：你沒事吧？」

承受經濟重擔的三十世代

到了年終，查爾斯期盼會得到一筆一萬五千美元的獎金，並且已經在期待可以用這筆錢做什麼事，他說：「我在想要繳清X、Y、Z。」可是他後來發現根本沒有領到獎金，他在當年度雖然與足夠的顧客簽訂貸款契約，但是這些顧客卻沒有給予夠高的評分。他離開公司，回到家，然後打開電視。

他說：「我超不爽的，我想說：好，我就坐在這裡生悶氣。我們會覺得三十幾歲了，應該更自由，自我意識更明確，真的在建立事業了。可是經濟負擔壓在身上，糾纏著我們之中的許多人，讓我們覺得自己無法到達那個境界。」

不過幾週後，銀行內一名用人單位主管來電，希望查爾斯應徵一個會是升遷的職缺。除了佣金外，還會有固定薪資。這份工作堪稱完美，只差工作地點位於亞特蘭大，距離傑克遜維爾、馬特和他們共同的家五小時車程。

對方大約在中午時致電查爾斯，但是查爾斯沒有立刻和馬特多說，而是一直等到晚上可以面對面聊天時。他走進房子裡，做了一個怪異的表情。

馬特說：「呃，怎麼了？你被解僱了嗎？」

查爾斯告訴他：「正好相反。」

他們開始討論這份工作、查爾斯搬離的事，最後決定查爾斯如果得到那份工作，馬特會留在傑克遜維爾完成碩士學位，兩人會談遠距離戀愛，查爾斯在週末可以回來。查爾斯說：「分開當然很難，但是我們可以想辦法克服，而他也能明白經濟層面的考量。我們這一生都得拚命取得最佳財務狀況，實在是很討厭的事。」

下一步就是查爾斯要與用人單位主管及對方的上司面試，他很有信心，雖然聽說對方也打電話給其他候選人。他估計，自己得到這份工作的機率「如果沒有七五%，也有一半」。

查爾斯表示：「我不想說保證會得到這份職缺，因為人生本來就沒有什麼保證。」但是他已經開始準備搬家了，退掉選好的六門課，等到暑假再上，延後一個學期畢業。他計畫在上學期重新註冊能在亞特蘭大線上完成的課程，但是現在覺得自己應該專注在可能得到的新工作上。他知道沒有大學文憑可能會讓自己無法得到這份工作，但還是希望聘僱委員會夠喜歡他，足以忽略履歷上這一點小瑕疵。他說：「我有可能搞砸面試，卻不這麼覺得，面試就是講自己的故事而已。我還沒有拿到學位，不過這是一個旅程，我覺得他們能體認到這一點，只要盡全力征服他們的心就好了。」

從沒錄取的失落中振作

查爾斯沒有得到那份工作，用人單位主管打電話通知，沒有讓他進入最後一輪的面試。對方沒有表明這是因為查爾斯缺乏大學文憑，只說是因為僱用和管理員工的經驗不足。

掛斷電話後，查爾斯哭了。先前年近四十的用人單位主管還告訴查爾斯，他在查爾斯的身上看見自己，喜歡他總是在做事的這一點，可是卻沒有人要給他晉升的機會。查爾斯說：「如果你覺得在我的身上看見自己，就給我一個機會啊！」

查爾斯氣到下一週都在家工作，不去辦公室，然後訂機票到倫敦度假。他說：「我需要放假，地點是隨便選的。」有一個朋友本來要一同前往，但是臨陣退縮，所以查爾斯獨自前往，而他並不在意。他不害怕一個人去陌生的地方，或是和陌生人講話。他想體驗的其中一件事是喝下午茶，但想要預訂的地方都客滿了。某天逛景點時，查爾斯決定走進位於騎士橋（Knightsbridge）的柏克萊飯店（Berkeley Hotel），看看能不能找一個位子給他，對方答應了。

他說：「我穿著短褲和襯衫走進去，裡面全是穿著洋裝的女士，然後我就開始吃起迷你三明治。」

又有一天，查爾斯來到擁有歐洲最長香檳吧檯而出名的聖潘克拉斯酒館（St Pancras Brasserie），並和其中一名侍者閒聊，對方邀請他參加餐廳員工當天稍晚舉辦的野炊派對。他依約前往，玩得非常開心。

回到傑克遜維爾後，查爾斯告訴自己，不要再因為工作沒被錄取而覺得受傷。他說：「我不能沉浸在情緒裡太久，我必須站起來，繼續向前走。」

此外，查爾斯也重新註冊，選修行銷與銀行相關的課程，雖然他說：「我已經不想管了，只想完成學業。」由於他過去八年都在銀行業工作，學校教的都已經會了，這也是學校總被他放在最後的另一個原因。

現在查爾斯老是拖延寫作業的時間，常常晚上十一點還在床上打電腦。馬特會看著他，好像在說：「你可不可以去睡了？」

轉換跑道，重新出發

查爾斯的父親也在房地產業工作，他把某家建設公司商業開發主管的職缺轉寄給查爾斯，叫查爾斯轉發給同事。查爾斯不能應徵，因為資格不符：徵才啟事表明應徵者要具備學士學位。

查爾斯沒有轉發給任何人，而是決定孤注一擲。他厭倦了銀行一直不考慮他的升遷，也認識那家建設公司的老闆，雖然徵才啟事上那樣寫，但是說不定對方不會在意他沒有大學文憑。於是，他寫了一封非正式信件給對方：「嘿，我不怎麼認為自己是你要找的人，但還是想和你聊聊這個職缺。」

老闆表示兩人應該見面，並在見面時詢問查爾斯，為什麼覺得自己不是他要找的人。

查爾斯說：「我沒有大學文憑。」

老闆說：「沒有嗎？」

查爾斯說：「我是說我還在努力取得學位。」

老闆說：「沒關係。」

對方叫查爾斯再來面試一次，之後又進行一次面試。每次查爾斯都覺得，自己必須解釋為什麼沒有大學文憑，他會說：「我還在努力，已經很久了。」

最後，老闆說：「不要再覺得抱歉了，你在努力才是最重要的。」

經過六次面試，其中一次是查爾斯和馬特與老闆和老闆娘一起共進晚餐，查爾斯終於得到那份工作。

這裡的薪水雖然沒有銀行那麼多，但由於是一家小公司，查爾斯就有更多機會嶄露頭角，升遷到更高的職位，進而賺更多的錢。另外，辭去銀行的工作也表示，他必須償還從四〇一(k)退休帳戶借出來購屋的錢，但是他現在還做不到，所以願意接受罰款。理財顧問建議不要這麼做，但他還是執意如此。

查爾斯希望有朝一日成為建設公司的合夥人，在他接受這份工作前，就已經和老闆說過這件事了。不過要實現這件事，他知道自己必須完成學位，可能之後還要攻讀企管碩士，但是這些都讓他興奮不已。

同一時間，沒有大學文憑依舊讓查爾斯很不自在。在某次職場活動中，他和一個年紀比他大的人聊天。對方問他是不是來自傑克遜維爾，並在查爾斯肯定的回覆後，又問他大學畢業了嗎？

查爾斯說：「我覺得對方認定來自傑克遜維爾的人，大部分都沒有大學畢業。」

查爾斯說了謊，告訴對方，他畢業於北佛羅里達大學（University of North Florida），也就是等他取得學士學位後，希望就讀企管碩士的那所學校。後來，他和一個年紀較輕的男子閒聊，對方問他就讀哪所學校時，他又說謊了。

他回答：「我畢業於北佛羅里達大學。」

查爾斯說：「我很討厭自己這樣，但當下覺得這是最簡單的回答。」

實際上，查爾斯可能會在一年後，也就是這個學期和拿到六個學分後，取得學士學位，但是就算真的做到了，他說：「這依然不是我生命中最大的成就，還差得遠了，我只是把它視為達成目標的一種手段，僅此而已。」

第二章

搬出家裡

「這個年紀還跟父母住在一起，是要當啃老族嗎？」

居高不下的房價，讓越來越多人選擇熟悉了三分之一人生的原生家庭。年過三十，並不是家裡的累贅，而可以是家裡依舊扮演著重要角色的一分子，但又該怎麼面對社會的標籤與汙名？

我完全是那種因為事情不如預期，就覺得「一切都好慘」、「我真是糟糕」、「人生爛透了」的人。

——莎莉

莎莉從未想過自己會回家，但現年三十歲的她現在就和父母住在紐約皇后區，睡在和妹妹小時候一起睡的那間房間，努力釐清下一步該怎麼走，還有為什麼她的計畫都沒有實現。她去巴黎並不是一時興起，她認識那座城市，以為自己有地方待著，存款應該足夠，可是一切都不如預期。

搬到巴黎的數年前，莎莉完全沒想到自己有一天會獨自住在那裡。她在多明尼加出生，三歲時和父母與兩個妹妹一起移民到美國。雙親在二十多歲時結婚，因此莎莉也認為自己會在差不多的年紀嫁人。她在位於長島的石溪大學（Stony Brook University）愛上一個人，兩人也訂婚了。當時莎莉就想住在巴黎，從她十幾歲第一次到那裡，立刻被那座城市深深吸引時，就夢想這麼做。她學了法文，之後又到巴黎旅行兩次，其中一次是和未婚夫同行。可是未婚夫從來不想住在紐約以外的地方，但莎莉覺得對方可能會改變想法，而且兩人可以舉行婚禮。莎莉說：「我心想：『好，我要結婚，一定會很棒的。』」

婚姻是莎莉成年生活的開端，她願意把住在巴黎的夢想放到一邊，堅守計畫，確保計畫實現。

結果，莎莉和未婚夫分手了。兩人後來常常吵架，大部分是在爭執對方太過冷漠，也會為了金錢爭吵。有時候莎莉會輕輕帶過自己的情緒，特別是在談到過去發生的負面經歷時，因此在與未婚夫解除婚約十年後，她提起這個決定顯得相當淡定。他們曾經討論過，假設兩人已經結婚，會進行心理治療，找出更好的溝通方式。她說：「但我們只是訂婚，所以比較容易會想說：『嗯，我們不適合，好吧！隨便，我們就不要繼續了。』」

儘管如此，莎莉坦承：「那是我人生中一段糟糕的時期。」她放棄了未婚夫、兩人的伴侶關係，以及對未來的想像。

莎莉並沒有馬上就決定前往巴黎，而是像平常一樣上班。她在《拉丁娜》（*Latina*）雜誌的數位行銷部門工作，但是每天都很不快樂，毫無動力。或許是因為她正在哀悼一段感情的結束，所以才會覺得一切如此沉重，但她不斷想像自己繼續待在紐約、繼續待在這份工作的話，事業會是如何，而浮現在腦海中的軌跡卻讓她厭惡不已。她看見自己拖著沉重的步伐，再當一年左右的經理，接著升到處長，最後可能還會當上老闆，但是她不想要這一切。於是她辭去工作，買了飛往巴黎的機票，打算在那裡待三個月，作為永久遷居的前置測試。

下機時，莎莉回想起和前未婚夫一起來到這裡的那趟旅程，他們大部分的時間都在爭執。對方想要莎莉把他的話翻譯成法文，可是她討厭這麼做，因為她從小就必須在親子座談會和醫院診所裡，替只會說西班牙文的父母做這件事。她說：「這讓我充滿焦慮，彷彿我們的生存全都仰賴我能否翻譯這個人說的話，每次有人期待我幫忙翻譯時，我就會沉默不語。」

莎莉很高興獨自身在巴黎，沒有前未婚夫在身邊。

她借住在第六區的一個朋友家，巴黎的生活就和她想像的一樣。她天天說法文、和朋友健行、到咖啡廳坐坐、參觀奧賽博物館（Musée d'Orsay），以及她在整個城市裡最喜歡的地方之一，也就是埋葬吉姆．莫里森（Jim Morrison）和奧斯卡．王爾德（Oscar Wilde）的拉雪茲神父公墓（Père Lachaise Cemetery）。

回到美國後，莎莉舉辦寫作工作坊，為一家協助顧客準備大學的公司工作，負責修改學生申請入學文章，存了一筆錢，然後決定返回巴黎。這一次，她買了單程機票。另一位友人表示，莎莉可以免費借住，要待多久都行。她希望在巴黎舉辦寫作靜修營，這樣如果要花費很長的時間找工作，還是會有收入。於是她在部落格上宣傳，有幾名讀者表示想要參加。她認為自己已經盡力規劃好了。

在巴黎下機時，莎莉感覺很棒，每次在那裡就有回到家的感覺，現在她對自己真的要把這裡當成家感到興奮不已。可是才過幾週，因為朋友必須搬出公寓，讓莎莉無處可住，她試著在Airbnb上尋找便宜的住處，但是因為還沒有找到工作，手頭有點緊。結果，她找到一個免費的住所，條件是幫忙房東修改書稿。莎莉不讓自己對這樣的安排感到緊張，因為這是留在巴黎的方法，她說：「基本上我想的是：『哦，太好了，有床可以睡。』我當時就只需要這個。」

然而，這樣的安排才維持幾天，Airbnb的房東就叫醒她，說她必須離開，他決定不讓她免費借住，而是要收費。

莎莉做了唯一想得到的事，拖著行李箱到塞納河另一邊的拉雪茲神父公墓。以往來到巴黎，她都會去那裡悼念亡者，同時感恩自己還活著。

但是這一次，她坐在墓碑與樹木之間，行李箱就放在身邊，一直啜泣到天黑墓園要關閉時。

顛沛流離的巴黎夢

莎莉被趕出Airbnb的那晚，預訂了青年旅館的一張床，卻心知這不是長久之計，身上的錢只夠她多住幾晚。她試圖確認之前表示想參加寫作靜修營的人是否會參加，卻沒有得到回音。

莎莉不想打電話給母親，過得不好時，她總是猶豫要不要讓母親知道，因為害怕母親只會讓自己對於發生的事覺得更糟，不過後來她還是這麼做了。莎莉說：「大概是因為我知道她會盡力幫我。」她也把情況告訴最好的朋友與兩個妹妹。每個人在有餘裕時，都會盡量寄錢給她，通常金額只夠讓她在青年旅館多住一晚，所以每天早上，莎莉會退房，把行李寄放在行李房，背著背包在城市裡走來走去，希望一天結束時又能得到足夠的錢再次入住。青年旅館員工從不過問，但是莎莉一直想著：「**他們會怎麼想我的人生？**」

莎莉的經歷寫在紙上，看起來沒有那麼悽慘，畢竟她每天只是背著背包閒晃，等著愛她的人寄錢來。可是在她的腦袋裡，那種感覺是很糟的，每天在巴黎走來走去時，她都覺得焦慮、恐懼，幾乎無法呼吸。她說：「那真的是一次創傷的經歷。」

莎莉就這樣過了大約一個月，因為母親必須花這麼久的時間，才能存夠錢買下讓她返回美國的機票。莎莉並不知道母親存錢的細節，因為她從未過問；她們之間從不談錢，但她覺得母親應該是努力存錢，同時求助親朋好友。

離開巴黎後，莎莉回到她以為永遠不會回去的地方：父母位於皇后區的家。

與父母同住的青年比例大幅攀升

本書收錄的三十世代主角，絕大多數都曾在二、三十幾歲時搬回去和父母同住，一個是在分手後搬回去、一個是在妻子失業後搬回去，還有一個是為了努力存錢買房，所以和父母同住。

在這些隨機挑選的青年樣本裡，有很大一部分都曾在以為自己永遠離家後，重新回到父母家中，這樣的現象和實際數據是一致的：二〇一四年，與父母同住首度成為十八至三十四歲美國人最常見的居住狀況，超越和男女朋友同居的情況。黑人與拉丁裔的青年住在家裡的比例較高，但是整體趨勢在所有的種族和族裔中都差不多。

和父母同住的青年比例會上升，不只是因為經濟不穩定。在二〇〇八年經濟大衰退期間，比例確實開始增加，但在結束很久後卻仍然持續上升。根據皮尤研究中心（Pew Research Center）分析美國人口普查局的數據指出，到了二〇一八年，約有兩千五百萬名介於十八至三十四歲的青年住在父母家中。

這樣的上升趨勢，有一部分是因為人們較晚結婚，平均而言，男性的結婚年齡為三十歲，女性則為二十八歲（男性和父母同住的比例比女性高）。但是大學文憑，或者應該說是缺乏大學文憑，也會影響人們購屋的能力。整體來說，具備大學學歷的人因為同時擁有隨之而來的薪資與工作穩定性，和父母同住的比例較低；沒有大學學歷的人則較難找到薪資足以讓他們獨居在外的工作。

新冠肺炎疫情更是助長青年返回父母家中居住的人數，原因包括大學校園關閉；長期失業造成他們無力支付房租；單純希望靠近家人，好得到情感方面的安定感；或是在某些例子裡需要的子女照顧協助。房地產網站Zillow最近進行的政府數據分析顯示，若將大學生包含在內，二〇二〇年春天搬去與父母或祖父母同住的成人，約為兩百九十萬。

不過這樣的情況雖然常見，但**和父母同住這件事還是引起很大的焦慮**。我們的腦海中會浮現，長大成人的小孩在沙發上抽大麻，母親則在一旁忙著洗衣服的畫面，或是查克．葛里芬納奇（Zach Galifianakis）在電影《醉後大丈夫》（*The Hangover*）裡飾演的幼稚男人艾倫，我們不禁會想著：「**他們不是該找地方自住嗎？**」

義大利和南韓等國並非如此看待這種狀況，有別於美國，年滿十八歲就應該離家，然後一去不復返，在那些國家裡，結婚前和父母同住是常態，甚至在結婚後，新婚夫婦也有可能繼續同住，直到經濟狀況較穩定為止。在此之前搬離，是對養育者的羞辱。

斯坦伯格表示，與父母同住之所以會被認為不恰當，是因為人們擔心太晚離家會對一個人的心理發展不利，但是他對這種末日思維抱持懷疑態度。他說，**你和父母住在一起時做了什麼，遠比你與他們同住這一點來得重要。**例如，你是否正在攻讀舊金山的醫學院，卻因為那裡高得離譜的房價，而不得不和父母同住？

斯坦伯格說：「這種情形沒有道理會讓你較不成熟，就只是一個比較方便又省錢的選項罷了。只因為某個人和父母同住，不能幫助你評斷這個人，除非你知道對方平常都在做什麼。我們在美國會覺得這是一件很糟的事，或是認為這暗示著有問題的心理發展，只是因為不習慣看見這種現象。」

被迫提早過退休生活的惶惑不安

露西．胡貝爾（Lucy Huber）和丈夫麥特在畢業後，搬到父母位於南卡羅萊納州達托島（Dataw Island）居住的退休社區（這裡大多數的居民都是六十歲以上），當時以為只會暫住幾週。他們在八月搬家，胡貝爾回憶道：「我記得有一位朋友邀請我們九月參加她的婚禮，我說：『我不知道能不能去，因為不知道那時候會住在哪裡。』」

胡貝爾和麥特在大學認識，兩人都在學校待了很久。她取得學士學位後，接著拿到創意寫作的碩士學位，總共花費七年；麥特在她完成學業後又花了三年，大學畢業後又分別取得化學碩士與化學生物學博士兩個學位。麥特即將畢業前夕，兩人分別是二十九歲和三十歲，對生活充滿樂觀。他們在幾個月前結婚，認為接下來麥特會找到工作，然後就會知道要搬到哪一座新城市。

等到八月，麥特還沒找到工作時，兩人不知該如何是好，也沒有存款可以運作，於是住在胡貝爾父母退休小木屋裡的客房。房間裡有很多胡貝爾以為自己早已不要的東西：兒時的木馬、一箱中學時期的筆記、高中畢業紀念冊。

起初，住在退休社區很好玩。白天，他們會上健身房，忽略吵雜的福斯新聞（Fox News）頻道；日落時，在門廊下喝著雞尾酒，俯瞰高爾夫球場；晚餐後，會與胡貝爾的父母一起觀看《命運輪盤》（*Wheel of Fortune*）。他們安排工作時間，早上在同一時間起床，然後在電腦前待到五點，即使其實沒有什麼事要做。胡貝爾說：「我們都感覺愧疚，覺得自己沒有到達以為會到的地方，也覺得我們必須更努力，否則再這樣下去不行，也很害怕我們會永遠困在那裡。」

可是過了幾個月，兩人開始爭吵，這大約發生在胡貝爾剛滿三十歲時。在父母家的廚房吃著蛋糕，還和他們同住在退休社區，並不是她想像中的三十歲生日（她說：「我會想著，我在三十歲生日時，一定會在自己擁有的房子裡舉辦盛大的派對。」）在職涯尚未開始前就假裝自己退休，已經不像一開始那麼吸引人了，胡貝爾反而覺得自己完全沒有長大，雙親會幫忙買東西，而且她還得向父母借車。她說：「三十歲還和父母同住，尤其是丈夫也一起，感覺真的很怪。有些事情我當然不想在父母附近做，我們當時結婚都不到一年。」

胡貝爾不斷地想著：「為什麼我的丈夫有博士學位，而我們該做的也都做了，卻還是必須和父母同住，然後身上沒有一毛錢？我們什麼都沒有。如果我們的情況是這樣，別人怎麼不會這樣？我們雖然沒有所有的優勢，但是也有很多優勢，而一切卻還是這麼艱難，我們還是得奮鬥，最後竟然要住在退休社區。」

即使胡貝爾準備隨時逃離這個地方，卻仍舊感恩與父母一起相處的時光。早上她和母親會在大家都還沒起床前一起喝咖啡，麥特則是加入她父親的乒乓球隊。最終他們離開了，因為麥特在波士頓找到工作。離開時，胡貝爾很難過。

她說：「我在那裡雖然躁動不安，卻也感到舒適自在。父母會照顧我們，雖然這很令人挫敗，卻也讓生活變得容易。在某方面來說，我很難過要離開，因為真的要展開自己的人生讓我很害怕。」

雪上加霜的財務狀況

馬庫斯在大學畢業後，搬回家和父母同住。他努力成為負責任的人，卻背負著九千美元的學貸和卡債，而資料輸入的工作一年只有一萬九千五百美元收入，勉強支付每月最低還款金額。父母住在德州特里尼提（Trinity）這個不到三千人的小城鎮，位於休士頓郊外。馬庫斯告訴自己，他可以在小時候睡的房間生活，直到債務還清，找到薪資更好的工作為止。

最後，馬庫斯只撐了三個月。在經歷大學四年的自由生活後，他痛恨自己口中那個「家的監獄」。有一次，母親看到他和一個女孩的線上聊天對話，發現他之前並不是和朋友一起去達拉斯玩，而是飛到美國的另一端見那個女孩，成為引爆點。

馬庫斯搬進女孩的套房，卻沒有足夠的收入同時支付貸款和房租，因此申請一萬美元貸款進行債務整合。他以為對方會提供新的每月還款金額，但是對方卻寄給他一萬美元的支票。馬庫斯表示，在看到支票時，「我完全瘋了。」

馬庫斯曾被批評不知反省（大部分是歷任女友告訴他的），而他明確表示自己在拿到支票後，做出毫無節制的揮霍行徑，比起人生即將因為財務翻車，更像是脫口秀喜劇演員。在短短三十六個小時，他和女友就把錢花光，買了衣服、烈酒、「名牌」、三千美元的平面電視，還有一萬三千美元的二手豐田（Toyota）Camry。馬庫斯說：「它的輪圈超大。」

馬庫斯的債務變成原本的三倍，女友也沒有留在身邊幫忙承擔後果，而是提出分手，要到紐約追求成為全職模特兒的夢想。馬庫斯不想讓朋友知道他有負債，所以額外兼差，好讓自己在還債時還有錢花，他在AT&T賣手機、飯店擔任大夜班櫃檯人員，以及在戴爾（Dell）的倉庫裡組裝電腦。

他說：「大家都以為我過得很好，他們想說：『他出頭天了。』因為我總是在耍帥，任何人在任何時候看到我，我都在灑錢。他們的心裡肯定在想：『你做到了，你實現了美國夢。』」

在即將屆滿三十歲的前夕，馬庫斯繳清最後一期款項，他努力還債八年，真正還清債務後，卻不知道自己該怎麼辦。

新女友問他：「你不是應該好好慶祝嗎？」

馬庫斯不想慶祝，還債給了一個明確的目標，但是現在債務還完，他卻感到迷惘。他的人生並不像大學畢業後預期的那樣，自己會有一份收入不錯的工作，而他確實也有，可是他也預期自己會有妻子、房子和孩子，而這些卻都沒有。忙著還債，因此忽略了這些事，難道是錯誤的決定？馬庫斯覺得很焦慮、失去掌控，他很擔心：「**接下來呢？**」

成年的真正定義？

有很多人確信，自己搞砸了成年人生。作家凱莉．威廉斯．布朗（Kelly Williams Brown）是最初把「成年」變成動詞使用的人。當時，她覺得自己的人生完全無法掌控，身邊的每個人好像都有專注的目標又很有成就，每天都在更努力地鞭策自我，而她卻從不記得該買衛生紙了，還用防蚊液防止貓咪身上的跳蚤咬她。她堅信自己的人生是一場災難，天天過著不像大人的生活。

她說：「我覺得失去控制，又亂又糟，但是事實上相對來說，我真的沒有過得很差。我在大學主修的領域裡工作，我有一隻貓、一些家具，我不是在街頭流浪的遊民，但真的還是覺得自己一團糟。」

布朗開始著手撰寫《一起成為更好的大人：從分手到租屋、開會到修廁所，成熟大人的行為指南》（*Adulting: How to Become a Grown-Up in 468 Easy(ish) Steps*）一書，想幫助那些和她一樣希望感覺人生有在前進的人。但是布朗表示，當她向那些認為可以帶來啟發的人尋求建議時，「我漸漸明白，原來別人也覺得自己一團糟。」

布朗想訪問的每個人都告訴她：「妳找錯人了，我不是真正的大人。」

布朗說：「我就回答：『可是你是外科醫生耶！你在說什麼啊？』」

這本書在二〇一三年出版，從那時候開始，「成年」便慢慢演化為一個裝可愛討喜的動詞，意思是「完成看起來很大人的事」，像是看牙醫或水煮蛋。

很多T恤上印著：「我不想再『成年』了，我要回到我的枕頭山。」

或者：「成年／動詞／模仿一些你看見真正的成人會做的事，試圖讓別人以為你也是成功的大人。」

說自己「成年」，變得比較像是一種炫耀，如同一個人炫耀自己穿著的襪子成對，或是他會煮晚餐，但是這無法撫平內心害怕人生沒有整頓好的不舒坦。

布朗說：「我現在真的很不喜歡聽到『成年』這個動詞。」

然而，這並不代表我們現在沒有布朗嘗試探討的那種不自在感，事實是**表面上生活看起來最安穩的人，往往覺得生活最不安穩，可是除非他們說出感受，否則一般**

人很難相信他們過得沒有比自己好。

布朗說：「我們總是拿自己的人生，和我們對別人人生抱持的無知膚淺印象做比較，因為我們無法得知任何人的內心世界。」

高薪也阻止不了的工作倦怠

馬庫斯有時候會厭惡自己的工作，剛開始稽核工作的那段期間，他努力追求高薪，因此到了三十六歲，他的收入「比六位數少了九百九十三美元，不是我愛說」。但是現在他有了一份收入豐厚的工作，卻希望自己不必從事這項工作。這樣的不滿讓他很驚訝，他說：「如果對從前的我說，你以後會賺到六位數的金額卻不快樂，我大概會打自己一巴掌，覺得這完全不合理。」

馬庫斯想做的是，教育年輕人怎麼樣才不會像他過去那樣債台高築。當他開始誠實說出自己曾經背了多少債，必須做什麼來還債時，發覺很喜歡分享自己的故事，幫助別人不要重蹈覆轍。他說：「以前我真的覺得，談到自己怎麼背負三萬美元的債務是很丟臉的事，但是有人告訴我，這類代言人很重要，因為會分享這種故事的男性不多，特別是黑人男性。」馬庫斯主持一個理財建議的播客（Podcast）《薪資與結餘》（*Paychecks and Balances*），也會在十幾歲、二十幾歲的年輕觀眾面前演講。

很多在線上聆聽馬庫斯宣傳播客和演講的人，在親眼看到本人前，都不知道他是非裔美國人。白人常常告訴馬庫斯，他們沒想到他是黑人。

馬庫斯表示：「很多人都覺得訝異，他們會說：『哦，你是黑人啊！』」或者如果對方就是黑人，可能會說馬庫斯不是真的黑人。馬庫斯認為，這有部分原因是他居住在白人為多數的郊區長大，就讀的也是白人主導的大學。

他說：「如果把所有可以代表我人生的東西，全寫在一張紙上，你會以為我是中上階級的白人男性。」

從高中開始，馬庫斯就試著弄清楚要如何融入自己的族群。然後，或許是為了彌補不夠像黑人的感受，他戴著一條上面有著「純黑人」文字的鍊子。

馬庫斯說：「我得到很多不好的評語，大部分來自黑人，像是：『你根本不是百分之百的黑人，你這個淺膚色的混帳。』」

現在如果提到馬庫斯賺了多少錢，他就會被質疑種族。他能理解對方這麼做的衝動，但還是會反擊。他說：「為什麼我的經歷會是不一樣的？因為到頭來我還是黑人，所以為什麼我們的經歷非得是對等的？為什麼這些經歷不能單純被當成個人經歷？」

馬庫斯不想擔任稽核員，而是想把財務教育事業變成全職工作，但那就表示他必須自己打拚，沒有固定收入。這是承擔經濟風險的好時機，因為他沒有房子、妻子或孩子，但是無論在工作上有多不快樂，他依然無法說服自己辭去稽核員的工作，害怕放棄每個月的薪水。

馬庫斯說：「我不是那種說走就走的人，**我很難告訴自己：『哦，去追尋你的夢想，因為不是所有的夢想都能賺錢。』**」於是他利用假期進行演講，並在週六早晨錄製播客（因為朋友們睡到中午起床，接著就會開始像他所說的：「想做一些幼稚又不負責任的事。」而他則會開心參與）。

什麼時候，人生才能真正定下來？

父親不能理解，馬庫斯為什麼要找尋現有工作以外的東西，他從假釋官開始做起，後來晉升到德州赦免與假釋委員會（Texas Board of Pardons and Paroles）主席，退休後可領取退休金。他告訴馬庫斯：「你何不像我一樣，一邊工作四十年，一邊輕鬆過日子，接著日後一邊退休，一邊更輕鬆過日子呢？」

馬庫斯說：「但是我很確定人生不只如此，我知道一定不只是這樣。」

馬庫斯開始找新工作時還很樂觀，說不定他可以找到和財務演說或教育的相關工作。在應徵一堆那類職缺卻沒有獲得回音後，他想著至少可以找到另一份和現在的工作相比，算是升遷的稽核員工作。他參加一些面試，卻沒有下文，同時在工作上也越來越不快樂。他和女友L到墨西哥卡波聖盧卡斯（Cabo San Lucas）參加爵士樂節，他表示以前度假回來後，「我會有一段時間沉浸在假期的光輝裡，什麼鳥事都無法打破。可是這次從墨西哥回來，週二開始上班，在週三就已經覺得：『我需要再放假。』」

這時候，馬庫斯已經應徵超過一百份以上的工作，願意替任何想僱用他的公司工作。他說：「用我的話來形容，就好像一開始使用Tinder交友應用程式時很挑剔，但是現在只要有人選我，我就會娶她當老婆。」那份沒被錄取的聖安東尼奧工作其實是降職，但是馬庫斯也願意做，只要能離開這裡就好。

L想從芝加哥搬到德州，距離馬庫斯近一點，卻不希望兩人在訂婚前同居。對於女友要為了他搬家這件事，馬庫斯顯得有點緊張，他過去有過幾段不太美好的戀情，二十幾歲時交往的女友在揮霍事件後離開了；還有一個女友很愛吃醋，不讓他和女性友人往來；有一次，還為另一位女友扛下一萬八千美元的債務，他說：「我誤以為我們能永遠在一起。」

但是和L交往至今，一切都很順利，兩人交往一年了，每個月都會見面。馬庫斯喜歡女友的獨立，和其他女生在一起時，他必須支付所有的費用，但是與L見面時，對方會自行負責機票或飯店的錢。L是工程師，所以兩人的思考方式雷同，做決定時都喜歡專注在數字和數據上。

馬庫斯希望兩人可以先住在同一個地區，測試一下這段感情，卻不曉得他會到哪裡工作。在馬庫斯確定會住在哪一座城市前，L無法離開芝加哥，她原本想在五月前抵達德州，但是夏天到了，馬庫斯還沒有找到新工作。一切都不如馬庫斯的預期，他變得越來越焦躁。

L也開始坐立不安，她的生日過了，老了一歲讓她決定和馬庫斯聊聊，想不想生小孩、打算何時要生。三十出頭時，馬庫斯常常思考不要有家庭和孩子的問題，但是隨著年紀增長，他覺得有也沒關係。他曾假定這件事會自然發生，但是當事情不如預期時，就不這麼常想了，母親也不再追問他何時要有小孩。

然後馬庫斯開始和L交往，並在同年的感恩節帶她回家見父母。臨走前，馬庫斯注意到母親龐大的娃娃收藏不見了，便詢問東西在哪裡，她說：「我沒想過你會有小孩，所以就送人了。」

馬庫斯笑說：「我把球放在籃板上，結果她竟然直接往我臉上灌籃。」

L想生小孩，讓馬庫斯覺得自己可能也會想要，但是在把這個想法付諸實現前，他想要先有一份自己喜歡的工作，讓兩人在同一個地方的生活安頓下來，可能的話還會結婚。當時，他連找到新工作的第一步都無法完成，要讓事情一一就定位，感覺似乎不可能。他想了很多，覺得灰心，他說：「我就覺得『什麼時候？』要到什麼時候才會發生？」

延遲成年，反而讓大腦更具可塑性

除了過了特定年齡還和父母同住外，基本上任何看似會延遲成年期的事都會受到負面看待。較年長的成年人看著年輕人，總會哀嘆他們沒有穩定的工作、沒有結婚或沒生小孩。斯坦伯格解釋這些批評背後的主因：**沒有擔負起這些成年人的角色，被認為會放慢心理成長的速度。**

他說：「所以如果我們提到像是培養責任感這類事情，假如你很晚才進入職場相關工作，或許會減緩你負責任的能力；或者另一個相似的論點是，沒有結婚會阻礙你培養和他人親近的能力。」

然而，斯坦伯格並不認同這些說法，也沒看見延遲成年期就會影響心理發展的證據，他說：「我覺得當中有太多由於誤導而造成的過度擔憂。」

他反而認為延遲成年期是有好處的，不進入長期的角色和關係，可以為大腦的成長與改善帶來更多時間，透過新經歷創造新的神經路徑（也就是藉由反覆行為形成的腦部連結，可以幫助形塑自我）。

研究顯示，大腦在青少年時期會不斷改變，也就是擁有所謂的「可塑性」。新的經歷會改寫大腦，幫助我們培養習慣、天賦及情感回應。這就是我們知道自己比原本以為的更有能力，以及其實有很多種闖蕩世界方法的原因。然而，這樣的刺激會隨著年齡增長而減緩，到達成年期後，大腦迴路大部分都已經固定了，雖然可以稍微調整，卻無法完全改造。斯坦伯格說：「沒有人知道原因，但是大腦在這個時期會喪失大量可塑性。」

但是如果大腦一直保持在忙碌狀態，處理沒有那麼容易克服的新經歷時間更長、更久，當然也應該會持續發展才對。不讓大腦靜下來的時間越多，你越有可能發掘新的技能和渴望，也就越可能演化成長。斯坦伯格表示，即使從長期來看，大腦的變化停止後，曾經擁有這樣一個讓突觸增生的延長期，也有助於大腦對未來可能出現的刺激經歷，做出更強烈的反應。他說：「因此**倘若一個人延緩進入成年角色的時機，也讓自己沉浸在新奇又充滿挑戰的環境裡，擁有較長的大腦可塑性時期可能就會帶來優勢。**」

當「現在」崩解，「未來」也隨之瓦解

被裁員後的幾個月，我找不到新工作，於是便開始成為自由寫手，這表示我不再有固定薪水、公司健保和現行的四〇一(k)退休計畫。此外，我的工作也不再像是一份真正的工作，在告知我是自由寫手時，別人的反應（有的含蓄，有的直接）都是：

我只是在等待有人願意提供一份真正的工作。

我和男友分手了，對方希望我搬去他的城市，因為他還在公司工作，但是我不想這麼做，因為那就好像承認自己失敗了，無法建立自己的事業，所以被迫撤退。

我有很多時間都是獨自一人，一開始工作的時間比過去還多，我對財務感到恐慌，同時拚命尋找工作上，能讓自己覺得像被解僱前那樣有重心、有能力的事。

我沒有找到，雖然從編輯那裡接到案子，其中包括一篇我寫過篇幅最長、內容最私密的文章，卻都無法讓我放鬆，覺得自己好像一直蜷縮在角落裡，準備隨時撲向任何機會。

那真的很累人，但也可以令人精神抖擻。我當時從未想過的是，沒有公司職位也表示自己不再受限。我完成各種未曾寫過的文章類型，還覺得自己寫得滿好的，我擴展了技能，沉浸在「我都不知道自己能做到」的陶醉感。一切並非完美無瑕，因為我同時也失去了保護、充滿不確定感，有時候很容易哭泣，特別是在夜深人靜，陶醉感消退後，腦海裡傳來的聲音是：「我到底在幹嘛？」

不過，我也不打算放棄。我繼續埋頭寫作，雖然缺乏每天為同一家公司工作的安全感，卻漸漸覺得這樣的狀態很好、我的人生很好。這種快樂有時會出其不意地襲來，我可能走在路上，然後就突然想著：「我想繼續做下去。」我可以好幾天都維持這樣的感覺，接著又開始恐慌。

過去，我試著建立穩固的事業，好啟動接下來認為自己非擁有不可的那個人生，但是現在我必須捨棄。對於自己要做什麼，我不再有確切的答案，那不會是驅動我進入婚姻、購屋、生子，或純粹讓我感覺自己是有成就大人的事物。

我脫離原本以為正在遵循的清單，單純過生活。長久以來，我一直強迫把人生描繪成特定模樣，但是突然間卻無法再假裝一切很快就會實現，或甚至是我希望一切會很快就實現。

心理治療師蘿蕊．葛利布（Lori Gottlieb）在回憶錄《也許你該找人聊聊》（*Maybe You Should Talk to Someone*）裡寫道：「當『現在』崩解了，我們和『現在』連結在一起的『未來』也會一同瓦解。未來被奪走，是所有故事轉折的開端。」

當我把自己認定的人生和現實人生加以區分後，令人驚訝的事發生了：我覺得好自由。

大約在那個時期，我買了一個手機殼，上面寫著這麼一段激勵的話：「要是我摔下去要怎麼辦？／哦，親愛的，要是你飛起來呢？」

我最好的朋友茹西看到這句話，給了我一個白眼，但是又說：「好吧！我想這是因為妳在經歷某個階段。」我不禁笑了。

我並不覺得自己在飛翔，不再假定那個傳統的成年期會自動實現，並不代表不希望它有朝一日終會實現。我可能會去追尋不那麼不穩定的職業；我可以想要住在一間感覺不那麼暫時的房子；我說不定會想結婚；我或許可以生小孩，我並未忘記清單上的項目。不過，我的確感覺自己正在飄浮。我想擁有各式各樣的經歷、喜悅與愛，而我必須自己找出來。

我的三字頭人生不會是一個個里程碑，而是這些里程碑之間的空白處，是我在事情不順遂、一切都讓人感覺不自在，還有試圖追求真正想要的東西，而非單純尋找

哪裡可以停頓時，所呈現的那個自我。

「別相信超過三十歲的人！」

今天，三十歲就不行了這個概念聽起來很荒謬，但在一九六〇年代和一九七〇年代初期卻是很多人的共通感受。在反越戰及支持民權與言論自由的抗議運動期間，其中一個代表性口號就是：「別相信超過三十歲的人。」因為超過三十歲的人太老了，無法理解年輕人在抗爭什麼。這句話出自加州大學柏克萊分校（University of California, Berkeley）學生傑克．溫伯格（Jack Weinberg）之口，一九六四年，他因為在校園發放關於民權運動的傳單遭到逮捕，他在暑假時到南方工作，想和其他學生分享在那裡看見的種族壓迫，但是學校禁止任何人發放政治文宣。

警察把溫伯格帶到警車後座，但是學生卻團團包圍警車，擋住出路。人群演變成數千名抗議示威者，帶頭者還爬上警車車頂發表演說（有些人爬上去前有先脫鞋），周圍的群眾則高唱〈我們必將戰勝〉（We Shall Overcome）一曲。學生獲准遞食物和飲水給溫伯格，還有讓他可以如廁的空瓶。這場抗議活動維持三十二個小時，掀開全美言論自由運動的序幕。

溫伯格被捕不久，《舊金山紀事報》（*San Francisco Chronicle*）的一名記者問他，是否真有學生以外的人在幕後負責這場運動。該名記者推測，共產主義人士可能是真正的帶頭者。

溫伯格不悅地回答：「這場運動有一個口號，就是我們不相信超過三十歲的人。」

溫伯格在一九七〇年告訴《華盛頓郵報》（*Washington Post*）：「當時有一個人訪問我，好像說了什麼讓我不太舒服的話。他問是不是有外面的大人在操控我們，還暗示『共產黨陰謀』之類的。那讓我很生氣，所以就說了不相信超過三十歲的人這樣的話來嘲弄對方。我想告訴他，根本沒有什麼老人在控制我們。」

後來，《舊金山紀事報》的一位專欄作家在專欄裡引述這句話，其他記者也跟著仿效。當社運人士發現這個概念讓年長的世代（他們的時代已經過去了，如今是年輕人當道）有多惱怒時，便開始激昂地喊著：「別相信超過三十歲的人。」雷夫．凱斯（Ralph Keyes）在著作《好人沒有難出頭》（*Nice Guys Finish Seventh*）中寫道：「不久後，這個代表性口號開始象徵，倨傲的年輕人無禮地把自己的父母推到旁邊的時代。」

不到三十歲，表示你可以充滿理想、無拘無束，隨心所欲和從當下讓你感興趣或受到啟發的任何東西，順著這些事物安排自己的人生。耶魯大學（Yale University）心理學家肯尼斯．肯尼斯頓（Kenneth Keniston）研究這些學生抗議活動，發現二十歲左右的年輕人大致上不像長輩過去那樣急著承擔責任。他在一九七〇年刊登於《美國學者》（*American Scholar*）上的文章中寫道：「有越來越多的後青少年小眾族群，沒有確立那些曾定義成年期的問題：關於和當前社會關係的問題、職業的問題、社會角色及生活型態的問題。」肯尼斯頓表示，當時發生的情況是前所未見的，過去這種失根的狀態，只出現在「特別有創意或心理特別不正常」的人身上，但是今天年輕人「似乎『定不下來』」，他們覺得自己擁有「絕對的自由，活在充滿可能性的世界」。

看似穩定，卻依然焦慮的人生

不過，那時候一到三十歲，想做什麼就做什麼的機會也跟著終結。在一九七〇年，年紀最大的嬰兒潮世代是二十四歲，他們進入的三字頭階段，看起來和先前世代經歷的沒有差別，一樣找工作、結婚、買房、生子，至少從表面上來看，他們和父母輩是同一類型的成年人。一九七一年，小說家約翰・厄普代克（John Updike）在《兔子歸來》（*Rabbit Redux*）這本小說裡，描寫「兔子」哈利遭遇的中年危機，「三十歲以前沒做的事，就不可能會做了。」

然而，三字頭的人一旦生活穩定，常常又會抱怨那樣的生活。根據鮑林格林州立大學（Bowling Green State University）全國家庭與婚姻研究中心（National Center for Family & Marriage Research）研究人員指出，在一九七九年，離婚率突破歷史新高，一千段婚姻中有二十二・六段破裂。

作家蓋爾・希伊（Gail Sheehy）在最初於一九七四年出版的暢銷書《必經之路：

成年生活可預測的危機》（*Passages: Predictable Crises of Adult Life*）中，精闢探討這種不滿足的現象。

希伊先在自己身上察覺到這一點，因為她也對三十五歲的自己產生疑慮。她在二十四歲結婚，四年後育有一女，接著在四年後和丈夫離婚。女兒這時候七歲，而她則是成功的雜誌作家，但是突然間所做的一切似乎不夠了，彷彿她太早結束自我演化。

希伊在《必經之路：成年生活可預測的危機》裡寫道：「某個入侵者大力搖動我的靈魂，吼道：看看妳自己！妳的人生已經過了一半，那個想要有個家、曾經想生第二個小孩的妳到哪裡去了？在我還來不及回答前，這個入侵者指出另一個我拖延已久的事：那個想要對這個世界有所貢獻的妳到哪裡去了？文字、著作、遊行、捐款，這些就夠了嗎？妳一直都是表演者，而不是真正的參與者。結果，現在妳已經三十五歲了。」

透過自己的經歷，以及和一百一十五名介於十八至五十五歲之間的中產階級男女進行訪談，她發現三字頭的時期可稱為「第三十條軍規」（Catch-30）。在這個時期，人們會突然想要超越當下的自我，或重新開始現在的人生。希伊告訴《基督科學箴言報》（*Christian Science Monitor*）：「我覺得自己非常幸運可以從事這一行，因為我認為每個撰寫嚴肅題材的作家，有一部分其實是在處理自己內心的魔鬼。」

在此之前，沒有人發現成年人（三十歲就已經很老了！）可能對自己的人生有所疑慮。希伊為這些人發聲，描述突然要重新審視你以為自己有義務建立的一切是多麼痛苦，這本著作蟬聯《紐約時報》暢銷榜三年以上的時間。

希伊在一九七六年告訴《時人》（*People*）雜誌：「兩性都提到覺得太過狹隘與受限的感受，他們怪罪到各種事情上，像是二十幾歲選擇的伴侶和職業，但是這可以歸結成一件事，就是非常適合二十幾歲的選擇現在已經不夠了，某個過去受到忽視的內在層面，現在想要被看重……突然一個人不再注重我『該做』什麼，而是我『想做』什麼。」

坦然接受失敗，正視無能為力的感受

馬庫斯想去看心理治療師，但是即使在父母的飯店房間內一動也不動許久的那晚後，他仍未預約。L也鼓勵他這麼做，某個週末，馬庫斯對她發誓一定會預約，結果還是沒有做到。

如果真的進行心理治療，就代表馬庫斯必須承認再也無法處理自己的人生。他說：「但是我覺得自己應該能處理。」若是他有一份新工作，就能埋藏未來看似難以掌控的可怕感受。可是沒有人要僱用他，而他也對無法按照自己想要方式規劃人生感覺越來越絕望，他需要幫助。

他說：「我必須不要自以為是，在幾個月前就該這麼做了。我不知道為什麼會這麼困難，但就是無法走進心理治療師的治療室。」

而後某天晚上，馬庫斯坐在沙發上哭泣，他很少流淚，朋友如果看到他這樣，肯定會嚇壞了，但是他並不驚慌。馬庫斯放任自己哭泣，心想：「或許我並沒有處理得很好。」

之後，馬庫斯終於預約一位女性心理治療師。他說：「我曾經和男性友人傾訴一些不相干的事，但他們的反應都是：『勇敢一點。』我現在不需要聽那樣的話。」

馬庫斯不知道該期待什麼，但是他說：「心理治療不可能比我現在一事無成還要糟糕。我用藥物治療，和外界斷絕往來，我以為自己正在處理，但卻隨著時間不斷累積。我不知道自己會住在哪裡、會在哪裡工作、和女友又會在哪裡居住，理智上，我知道這個狀況並非無望，但是真的很累。我一直在想：**快要四十歲了，我們現在在幹嘛？**」

脫離人生規劃的軌道，嘗試不同的可能

待在位於皇后區的父母家，莎莉開始思考自己總是在規劃人生。她很喜歡這麼做。首先，她認為自己會結婚，找到在公司上班的工作。後來，她打算搬到巴黎，

逃離一切。可是，她的計畫沒有一個行得通。有計畫並不表示事情就不會崩解，因此她決定不要再計畫了，她要單純做自己想做的，相信一切將會以某種方式解決，不再試圖建立任何安全策略。

她說：「我變得比較大膽，畢竟**我有什麼好失去的**？」

莎莉率先做的其中一件事就是約會，她和前未婚夫是在大學認識的，所以成年後就不曾再約會。現在她想要廣泛地約會，不限制自己想認識誰，或同時和多少人往來；她只想開放一點。她說：「我在想：好，我現在自由了，我沒有婚約在身，這和我計畫的人生非常不一樣，我要和所有的人約會。」

莎莉約會的對象很廣，包括在交友網站 OkCupid 認識的男性、一直暗中有好感的男性友人、喜愛披薩店裡最喜歡的服務生，還有到父母家調查可疑闖空門事件的警察。她想一邊享受，一邊認識這些男性，對她來說，是否要把其中一人變成男友並不重要。

她說：「大部分男性友人都看過我的裸體，因為曾發生關係，我們就是那樣變成朋友的。」

母親一直在旁邊觀察，有一次還逼問莎莉，她看到來家裡接送的男生到底有多少個，問道：「妳為什麼不認識一個人就好，然後和對方往來久一點？」

整體來說，莎莉從不確定母親究竟希望她怎麼做。母親養育莎莉和兩個妹妹的方式是要讓她們獨立，她從未離家工作。莎莉說：「那不是多明尼加的文化。」可是母親並不希望女兒一定要和她一樣，她在莎莉和兩個妹妹小時候會說：「我不會教妳們做菜，因為那樣妳們就得為丈夫煮飯。」

母親雖然不希望女兒為丈夫煮飯，但仍期盼她們像她一樣結婚生子，可是還沒有一個女兒這麼做。莎莉現年三十四歲，母親對她說，她這樣的年紀已經不能生小孩了。她說：「我心想：那就太棒了。我從未真正明白媽媽的想法，我覺得她一定也備受煎熬，既希望我們結婚生子，又為自己養育三個單身也能過得很好的女兒而真心高興和感恩，心想：做得好！」

在新的地方找到未來的家

住在皇后區時，莎莉開始進行夢想中的另一個事業：她想創辦一家公司，協助小企業處理所需的一切，她可以為小企業擬定商業計畫、建置網站，或協助其他方面的行銷、回覆顧客信件，也可以一手包辦上述事項。

六個月後，莎莉和一位鋼琴老師、一位領導力教練簽署客戶契約，又有足夠的錢可以再買一張機票，這次她要到加州拜訪兩個妹妹，一個住在洛杉磯，另一個則住在舊金山，她沒有規劃任何後續行程，「我要在舊金山和洛杉磯各待兩週，然後且走且看。」

莎莉以前曾到過洛杉磯，但這是她第一次認為那裡可以成為自己的家。在那裡，藍花楹淡藍色的花朵讓她感覺平靜安心。隨著離開洛杉磯的時刻越來越近，她決定不走了，開始在那裡建立自己的生活，包括想再展開一段認真的感情。她開始思考完美另一半的模樣，利用約會對象令她喜歡的特質，釐清自己的理想伴侶。她說：

「我在想：**如果真的想談一段感情，我到底想和什麼樣的人交往？**」

莎莉想要一個有創意卻不過分執著於工作的人；和善又殷勤，但也不介意她自己開門、拿包包。這個人應該非常喜歡她，但是也有和她不一樣的興趣愛好。她說：「我就像童話故事裡的金髮姑娘，在尋找一個剛剛好的人。」這個人不一定要成為下一個未婚夫；她沒有強求任何事。她想著：**我只是要一個可以一直和我在一起的人。**

小杰是莎莉在洛杉磯的第一個約會對象，他們是在交友平台Coffee Meets Bagel上認識的。他三十二歲，在底特律長大，在一家電影工作室擔任後製。莎莉在第一次約會時就滿喜歡對方，於是兩人又約會第二次，讓她真的開始認為小杰可能就是想要找的人。小杰想開開心心地約會，心態也很開放。莎莉說：「而且他真的人很好、親切又善良，我不會用這些詞彙來形容很多曾經約會的對象。」

約會幾個月後，莎莉問小杰：「所以你是我的男友嗎？因為大家都在問你的事，我不知道要怎麼稱呼你，你是怎麼想的？」

小杰用另一個問題回答莎莉的問題：「妳希望我說妳是我的女友嗎？」

莎莉說：「我記得當時的感覺真的很甜蜜。」

兩人交往九個月時，莎莉的公寓租約到期了。小杰說，莎莉在找到新住處前，可以住在他那裡。莎莉以為只要一、兩個月就會找到，結果過了三個月，她還是沒有找到新住處。同時，小杰考慮辭去電影工作室的工作，編寫、執導自己的電影，這就表示他在開始賺錢以前，必須靠著存款過活。她需要住的地方，而他需要經濟支援。

莎莉問他：「你想要我住在這裡嗎？」

小杰說：「我覺得這樣很合理。」

小杰辭職，莎莉開始支付公寓租金。她負擔得起，因為各個工作開始賺錢了。有時她會擔心收入無法持續，也對一直換工作感到不妥（妹妹現在和她一起經營事業，兩人共有六個客戶，占據大部分的時間，所以她現在較少修改學生的文章，也不再打算舉辦寫作靜修營）。此外，要向別人解釋她的工作也不容易，但她不想停止這一切，回頭為別人工作，所以她對自己說：「誰在乎呢？我覺得好就好了。」

她說：「我那時候真的超級堅定，想著：我要繼續做這件事。」

到了年底，莎莉發覺自己已經付了整整一年的房租。她說：「我真的很自豪。我已經很久沒做到這件事了。」

克服失敗的經歷，漸漸找回重心

年近三十五歲時，莎莉開始考慮回到巴黎，這將是她在四年半前陷入困境以來第一次回去。她時常想起那座城市，但是她說：「我的身體還記得那次經歷，因此延遲了回去的欲望。」她先是認為自己應該可以去了，而後漸漸變得真的想回去。

她說：「我還是很愛那個地方。」

她開始做功課：機票多少錢？我可以住在哪裡？

她看到在生日前一週有便宜機票，卻沒有預訂，因為需要先從一個客戶那裡拿到錢。上一次從巴黎回來時，她便允諾如果再去，帳戶裡至少要有七千美元。

莎莉也告訴自己，要找到保證能讓她待上整個旅程的住處，於是預訂一家可以隨時取消的極簡旅館。

拿到客戶的支票後，莎莉再次搜尋航班，發現機票還是很便宜，她要重返巴黎了。

莎莉曾短暫考慮要不要叫小杰同行，但是詢問對方的工作時程後，知道在她計畫旅行期間，小杰正忙著拍電影，所以對他說：「我要自己去巴黎，跟你說一聲。」

他說：「好的。」

莎莉說：「如果有一天能和他一起去肯定很好，但我覺得並不是很在意。」

啟程前幾週，莎莉開始覺得緊張，她告訴一些知道上一趟旅程發生什麼事的朋友要回到巴黎，他們明白這是一件大事，有人還說會為她祈禱。

莎莉說：「你可以為我祈禱，雖然我不知道這樣做有沒有差別，但是有人想到自己的感覺確實很好。」

最好的朋友告訴她：「這趟旅程一定會很棒的。」

一下飛機，穿過機場，進入市區時，莎莉開始感覺好多了。她心想，她認識這裡，她認識這座機場、知道怎麼走到通關處，以及會帶她前往搭乘區域快鐵（RER train）到市中心的隧道型電扶梯。步行到位於蒙馬特（Montmartre）的旅館時，她也認識那裡的街道，她快速通過有很多男子閒晃的那幾條街道，她知道要怎麼避開這些人。然後她轉錯一個彎，焦慮了一下子，不過接著就弄清楚身在何方，要怎麼到達旅館。她說，等到成功抵達後，「上一段的旅程消失了，前一次的殘影不在了。」

莎莉每天都是一個人，花很多時間到處走走，吃很多長棍麵包。她說：「我在那裡沒有見任何人，我可以見別人，但卻覺得沒關係，我只想四處走走，放鬆愜意一下。」她猶豫著要不要回到拉雪茲神父公墓，也就是她在上一趟旅行發現自己無處可去後，一整天放聲大哭的地方。可是她每次去巴黎就會到那裡，而且除了上一次，她每次到那裡都會開始珍惜自己的人生。

所以有一天，莎莉告訴自己一直走到那裡為止。她在路上買了火腿三明治、煙燻生火腿和喜愛的 Petit Écolier 黑巧克力餅乾，在丘陵與墓碑之間找一個喜歡的位置，就在她最喜歡的那座歪倒椅子雕像附近。她表示，就這樣吃著午餐，「感覺自己漸漸找回重心。」

第三章

進入婚姻

「到這個年紀還單身，不怕再也找不到對象？」

我只是選擇躺平，不是選擇放棄愛情。婚姻不再是愛情的最終形式，愛情也不需要婚姻來證明認真與責任，無論有沒有伴侶，緣分的去留，都不應該被法律綁住……

我希望三字頭的人生一結束，可以在回顧時說：「哇！我投注所有一切，很高與自己那麼做。」

——雅辛

在我小學的運動場上，有句話很流行：**愛情先來，婚姻後到。**小時候，我被教導事情就該如此。

但是對三十幾歲的我而言，比較像是我有一個充滿愛的人生，不只是男人的愛，還有朋友、工作，以及生活在一座走在街道上，仍使我驚奇連連的城市所賦予的愛。至於婚姻，感覺像是限縮了那份愛。我有約會，後來也交了男友，並認為最終會想要一個丈夫，但是同時也很難把婚姻視為開啟人生的一種方式。我刻意不讓生活以男友為中心，和朋友出去就像跟他出去一樣頻繁，很高興我們有各自的住所。

那是我第一次自己住，很喜歡關上公寓的門，待在只屬於我一個人空間的感覺。

我對婚姻的看法，就是那些刻板印象呈現的模樣：其中一方總是得做另一方想要的，但我不想放棄獨立自主。此外，社會雖然把結婚視為終身大事，實際的婚姻卻被描繪成累人的事：其中一方厭倦另一方，或是兩人為了金錢或輪到誰倒垃圾這種事爭吵。我不知道如果置身其中，婚姻會是什麼樣子，也不知道該如何重新想像有朝一日希望的婚姻會是什麼模樣。我所看見的，只有婚姻會讓自己所有其他一切都黯然失色的恐懼。我會和男友談論婚姻，但是感覺上會談論這件事，**只是因為我們已經三十幾歲了，而不是因為真的想結婚。**

友情是可以自己搞定，按照自己想要方式建構的東西，因此成為我人生中很重要的一部分，特別是和女性的友情。我覺得和朋友有空間，可以建立專屬彼此獨一無二的關係，與茹西之間的情誼更是如此。我在《細節》工作時認識她，我們會固定到幾家餐廳吃晚餐；下班後一起散步放鬆；到了足球季，會在週日一同觀看球賽；夏天會一起去海邊；她邀請我看戲，我邀請她聽音樂會；她為我煮飯，我送她高級球鞋；她知道我去找她前，她永遠不需要整理住處，我知道和她見面，永遠可以只穿運動服就好；她會阻止我苛責自己，我和她可以談論任何事。我們自有一套經營這段關係的習慣、傳統及方式，就像任何一對存在於彼此的生命中很長一段時間，也知道自己無論好壞，都想繼續這樣下去的人。每當有人問我：「茹西怎麼樣？」我總是很高興，因為這個問題背後隱含的訊息是，他們明白我一定會知道答案。

整體來說，我的好友是一個支持體系，總是在任何一人需要聊任何事時守候在身旁。認可這些關係的，純粹就只是我們對彼此的愛，沒有別的，但是它們就和生命中的其他連結同樣重要。我從不希望讓自己和情人的單一連結超越友情，就只是因為愛情可能受到法律認可，也不希望捨棄在工作中找到的滿足感，以及隨心所欲安排自己人生的自由。

然而隨著時間流逝，我開始對自己是誰和所做的事感覺更確定了，較不那麼害怕婚姻會奪走那些事物。我想嘗試一段比一起決定週末要做什麼，還要更進一步的戀情；我和未來的伴侶可以一同塑造人生。

於是，我要求男友搬來同住。這對一段除了會固定見面、迅速回覆彼此訊息外，沒有實質承諾的關係來說，是很大的一步。我不理會自己有多擔心，這並不難做到，因為很多人告訴我，讓人生朝著應該前進的方向走是很好的。我以為，自己最終會沒問題。

可是當男友背著背包，走進住處的大門時，我就知道並不希望他出現在那裡。我當時並未真正意識到自己犯了一個錯，所以沒有馬上說出那些話，但我在某種模糊的程度上還是知道：這樣不行。當時應該立刻提出分手，但是我很害怕，也覺得自己已經讓太多事發生，無法瞬間收回一切。

我花了很久的時間才結束那段關係，在那段期間，我不斷感到兩難，一方面覺得這樣不對；一方面反駁自己，覺得我可能只是不懂得同居的感受。然後某天下午，我和男友與另一對情侶見面，當我看著對方走來，可以很清楚地知道他們有多同心，即使在這麼尋常的時刻，儘管他們只是做出並肩快步走向我們這樣尋常的動作，我就知道自己缺乏對方擁有的東西，這一點讓我不寒而慄。

對結婚生子的想法分歧

最近，莎莉和小杰吵了一架。小杰對這段關係的未來感到驚慌，他三十三歲，比莎莉小兩歲，原本以為在三十出頭就會結婚生子，如今這已經無法做到了，但是他告訴莎莉：「我仍然期待這件事。」

有別於莎莉，小杰和父母很親近。莎莉說：「他簡直滿腦子都是父母。」今年感恩節是小杰第一次沒回到底特律，也就是他從小長大，父母仍然居住的城市，因為他買不起機票，對於無法回去過節感到非常難過。莎莉如果過節，都是和兩個妹妹一起度過，通常會一起過聖誕節，到其中一人所在的地方，她們稱為「姊妹之旅」，吃起司通心麵、看電影、喝酒。

既然感恩節要留在洛杉磯，莎莉便詢問小杰想做什麼，但是他竟然因為不能回到底特律，沮喪到「完全不想談那件事」。莎莉說：「我當下就覺得：什麼啊？」

不過小杰倒是想和莎莉談談是否要結婚生子，但是莎莉認為他們不需要這麼一板一眼。小事方面，莎莉依舊很喜歡規劃安排，關於如何整理捲髮和記錄每年閱讀的小說，自有一套繁複的體系，但是關於較重大的人生決定，則試著不要那麼強硬，她相信一件事如果注定發生，就會在該發生時發生。她說：「我是相信靈性的人，我相信倒楣事會有解決的一天，某件事一定會發生。他就不是相信靈性的人，他不信這些。」

小杰逼問她：「妳到底想不想要小孩？」

莎莉的腦海裡浮現母親的話，說她這樣的年紀已經不能生小孩了。她說：「我想現在如果要懷孕，就會變成所謂的高齡產婦，或是在妳的年紀太大、卵子太老時，別人會使用的稱呼。」

然而，莎莉不想說自己確實想要小孩，也很抗拒提出確切的時間。她說：「我不是反對生小孩這個想法，但是這件事從未讓我想說：『好，有一天我要生小孩，然後我要怎麼做。』這從來不是一個迫切的渴望。」

兩人結束爭吵時，還是和開始爭論時一樣，小杰仍說想要結婚生子，莎莉還是表明不在乎，她說：「**我知道自己喜歡談戀愛，知道這能幫助我成長。我不排斥談戀愛是因為這個原因，而不是因為覺得：接著我就可以結婚，然後生三個小孩。**這些事可能會發生，也可能不會發生，無論怎樣都好。」

除了婚姻，人生還有許多可能的追求

今天約有半數的美國成人已婚，和一九六〇年有七二%的人相比，差異懸殊。有很多行為的改變造成這樣的衰退，我們現在比較晚婚，兩性進入第一段婚姻的平均年齡比以往都還大。此外，我們傾向同居，而非結婚。根據皮尤研究中心的資料指出，超過半數介於十八至四十四歲之間的人曾經同居，這個數字在過去二十年來穩定上升。

整體而言，我們不再將尋找配偶這件事列入優先考慮，很多人甚至沒想過要有配偶。美國人口普查局在二〇一七年的調查結果顯示，超過半數介於十八至三十四歲之間的美國人表示，婚姻對於成為大人「不是非常重要」。

為什麼人們會對婚姻漠不關心？專家把矛頭指向大部分圍繞在改變性別動態的相關社會變遷，女性不再覺得必須結婚，才能擁有性愛或獲得經濟支持，因為現在會採取避孕措施，自己賺錢養活自己。

這並不是說女人完全不想結婚，我就想結婚，而且認為很多女性也一樣，只是婚姻不再被視為好日子的開端。除了愛情的結合外，我們的生活還建立在許多事物上。

一九六〇年，朵莉．雅各布森（Dorrie Jacobson）二十五歲，被全美第一家開設在芝加哥的花花公子俱樂部（Playboy Club）聘僱為雞尾酒服務生。她之前曾在費城擔任充滿抱負的演員，出演名為《闔家歡》（*A Hole in the Head*）的戲劇，飾演一個穿著暴露，腦袋不怎麼靈光的角色。她穿著比基尼進場，但是走到舞台中央時，上半身的泳衣掉下來，男主角走過去，把外套脫下來披在她的肩上。她說：「我們沒有遺漏一句台詞。」

落幕後，花花公子俱樂部的一個代表到後台找她，說：「妳的舞台風采讓我印象深刻，不曉得妳有沒有興趣擔任兔女郎？」

雅各布森有興趣，她很喜歡在俱樂部裡，穿著那件帶有蓬鬆兔尾巴和露出「一點乳溝」的制服，一邊送酒給大部分由名人和幫派分子組成的客群。她說，對於她母親的世代，甚至是她自己這個世代的大多數人來說，她做的事「就和妓女沒兩樣」，可是客人的讚賞帶給她自信，而且用她自己的話來說，當時賺的錢多到令人作嘔，一週約有五百至六百美元，不需要有丈夫養她。

然而，二十四歲的她已經算是老兔女郎了，其他的雞尾酒服務生大多只有二十歲左右，因此距離三十歲生日越來越近時，家人（還有好像整個社會）都在告訴她，她的時間不多了。那時候，大部分的女性在十八或十九歲就已經結婚，雅各布森說：「二十幾歲就是老姑婆了。」

她收到的訊息是：**妳在幹嘛？都快三十歲了！妳必須定下來，做妳該做的事。**

於是，雅各布森離開花花公子俱樂部，踏入婚姻。她說：「就這樣，我們那時候全都遵循規則。」

三十歲生日那天，雅各布森沒有舉辦派對。她說：「那不是一件需要慶祝的事，妳反而會走進黑暗的房間，坐在角落沉思。在當時，**如果活到三十歲，就好像一切都玩完了。**那是一個轉捩點，這在今日看來是非常瘋狂的想法。」

雅各布森嫁的男人是很好的供養者，是房地產業者，並在費城持有好幾棟公寓，但是她卻表示：「對我來說，那是一段沒有愛的婚姻。」她不後悔婚後和對方生下一個女兒（一樣是在遵循規則），也不後悔女兒出生後不久，她口中「解放的離婚」就緊接著發生。「我學到妳不能聽任何人叫妳怎麼做，而是必須認識自己，知道自己想要的是什麼，並且追求。」

維持自己的步調，不因旁人的言論動搖

雅辛在新年前夕認識梅蘭妮，朋友拉他參加一場派對，說他的工作太多，必須放假一晚，梅蘭妮的朋友也因為同樣的原因把她帶來。雅辛和梅蘭妮閒聊，但是沒

有花費很多時間在無意義的表面客套話上，他總是喜歡探究，以便更了解一個人。他詢問梅蘭妮工作方面的事，可是他想知道除了對方工作以外更深入的事，於是問道：「妳對工作的哪些方面最有熱情？」

雅辛覺得自己有一天會想要結婚生子，但是他說：「我那時候真的太忙了，所以沒有在找對象。」梅蘭妮也想結婚生子，但和他一樣工作認真，也正在創業。兩人開始約會，並且常在約會時評估彼此不斷展開的商業計畫。

交往約六個月後，有一天兩人在紐約市中心的農夫市集閒逛。雅辛感覺不太自在，他有一件事必須告訴梅蘭妮，卻不知道該怎麼開口。父母已經開始問他，何時要和梅蘭妮結婚、他們何時可以抱孫子。雅辛確實想和梅蘭妮結婚，卻不知道會是什麼時候，同時他明白梅蘭妮可能也在想和他父母一樣的事，他無法給對方任何答案。

在農夫市集裡，梅蘭妮看出有事讓雅辛心煩。他們繼續走著，而他的臉色也越來越不好。最後，她停下來問他究竟是怎麼了。

雅辛說：「我們必須分手。」再繼續和梅蘭妮交往，對她太不公平了。他沒有穩定的收入，也不確定何時會有，不知道自己究竟要到什麼時候才會覺得可以結婚生子，不想強迫對方等他。

梅蘭妮聽完後，說：「我拒絕和你分手，你不必保護我，我明白狀況，知道自己會面對什麼。」

兩人談完後，雅辛明白梅蘭妮只是想和他在一起，她不需要他有堅若磐石的事業，也不需要聽到結婚生子的確切時間。他說：「她沒有在等待完美，而我也不用，一切已經夠好了。」

即使同住，依然包容彼此的不同

莎莉和小杰沒有再談到婚姻。之前他忙著拍電影，她常常旅行；現在他在後製一部電影，她則忙著和妹妹一起經營事業。

有一次，小杰提及一個朋友要和妻子分開時，又短暫提到和莎莉的關係，朋友告訴小杰，覺得小杰是和最好的朋友住在一起，而不是和當初愛上的女人。小杰告訴莎莉：「我不希望我們感覺就像是同住的好友，我們應該做些什麼，好讓彼此不會有這種感覺。」

莎莉說：「好啊！沒問題，但感情其實真的就是住在一起的朋友。」

他們以前常常爬山，或是開車進行短途、隨意的旅程，但是後來小杰把車賣了，莎莉又不會開車，所以兩人大部分的時間都是待在居住的一房公寓裡。如果他們想積極地共度兩人時光，就會在沙發或床上看電視或電影，否則莎莉就是把飯廳餐桌當作臨時辦公室工作，小杰則會待在臥房裡，盡量不吵到她。她說：「公寓很小，沒有很多地方可去。」他們以前會一起做菜，但是最近常常都叫外賣。

莎莉說：「在我最瘋狂的幻想裡，我們不是住在很大的房子，就是分開住，這是我最近常常在想的事。我真的很喜歡把自己的家變成某種樣子，但那不是小杰喜歡的家的模樣。」

莎莉總是會馬上摺好洗好的衣物，並且丟掉任何懷疑快要腐壞的食物；小杰則是喜歡把乾淨衣物堆在臥室的椅子上，還把保麗龍容器放在冰箱好幾年。莎莉說：「我們就連睡眠習慣也不一樣。」她總是覺得熱，他總是覺得冷；他需要打開白噪音機器，她則不需要。她說，只要小杰出遠門，「我第一件事就是把寢具全部換掉，換上我的床單和棉被，那是莎莉的棉被。」

莎莉告訴小杰，自己幻想兩人有一天分開住。他說：「我不確定，但是好吧！沒問題。」

莎莉回答：「聽起來很完美。」

婚姻，不再是邁向成年的途徑

作家吉兒．菲利波維奇（Jill Filipovic）在《H點：女性主義者的快樂追尋之旅》（*The H-Spot: The Feminist Pursuit of Happiness*）一書中寫到，有些女性已經不再視婚姻為展開成年期的途徑。她說：「我們把結婚生子想成是一旦完成某些人生大事，才要去做的事：一旦我們大學畢業，或者有些人是研究所畢業；一旦我們覺得在經濟方面可以獨立；一旦我們覺得有錢可以買房子，一旦這些事情確立，我們才會覺得：好，現在或許可以結婚了。這和以前很不一樣；在過去，婚姻是這些成就的第一步。」

我認為男性也有所改變，他們也在等待人生的其他層面都穩定後再結婚。此外，對男性而言，性別角色改變也意味著，婚姻占據他們時間和情感的程度，比只當供養者時還大。艾倫·維克斯（Aaron Weeks）是布魯克林區一家餐廳的老闆，雖然二、三十多歲時有過幾段維持較久的感情，但在三十九歲才第一次和女友同居，其中一個原因是，他很清楚和情人同居會帶來的責任。他的雙親已經結婚四十七年，兩人（尤其是他的母親）很強調感情就是伴侶關係，除了經濟上如此，還有家事和情感方面的義務。

維克斯說：「我確實有一些保留和焦慮，雖然沒有親身經歷，但是我明白同居要付出很多，那是完全不同的生活型態。同居時，你對一個人的責任會提高到另一個層次。」

然而，男人從來就不被認為，應該像女人一樣扎根在自己的家人和家庭上。對女性來說，晚婚或甚至不婚，可以大幅拓寬在這個世界行走的方式，特別是如果不在所謂的「三十期限」（Age Thirty Deadline）前結婚的話。心理學家梅格．潔伊（Meg Jay）在著作《二十世代，你的人生是不是卡住了……你以為時間還很多，但有些決定不能拖》（*The Defining Decade: Why Your Twenties Matter—And How to Make the Most of Them*）中，就談到這個期限。她寫道：「我在執業生涯最常聽到的難題，和所謂的三十期限有關。三十期限是許多二十世代都有的沉默卻揮之不去的擔憂。二十幾歲時，我們可能不清楚要拿感情怎麼辦，甚至也不覺得那很迫切重要，但『我希望三十歲時不是一個人』卻是常常聽到的話。」

潔伊接著說道：「以我的經驗來說，三十期限較像是三十誘購（Age Thirty Bait and Switch），二十九歲原本覺得很好的東西，突然全都變得很糟。一瞬間，我們覺得自己落後了，幾乎可說在一夕之間，承諾從等等再說的事，變成昨天該做的事；

婚姻從到三十歲再煩惱的東西，變成三十歲很想要的東西。那麼，什麼時候才是真正思考伴侶關係的時候？這種突如其來的轉變，可能會帶來各種麻煩。」

潔伊在書中想表達的重點是，我們必須在二十幾歲時，把每段關係都當作會變成終身的伴侶關係那樣對待。她寫道：「不要等到三十幾歲，要和時間賽跑了，才開始挑剔。」

可是我覺得潔伊錯了，還間接鼓吹數十年來嚇唬女性的那種恐嚇戰術：「**妳快要沒時間了，現在不做就永遠沒有機會了，嫁給他吧！**」

等到妳這麼做了，就會跨越某條終點線，一切都會很好。

不用追求幸福的「結局」，只要追求幸福的「過程」

美妝品牌大號寶貝（Megababde）創辦人凱蒂．史圖里諾（Katie Sturino）在三十一歲結婚，表示當時也感受到這些壓力。她說：「我覺得自己好老，很好笑吧！

我那時候就想著：『天啊！我和這個男人在一起十年了，我真希望我們會結婚，要不然我的時間都浪費了。』」

婚禮後，史圖里諾覺得鬆了一口氣，比那些沒有結婚的人還要優越。其他已婚的親朋好友給予的回應是，她確實應該要有這些感受。她說：「**已婚的人希望你也結婚，這樣他們才會覺得自己正常。**這很像某種俱樂部，是一張安全網。那種感覺就像：你安全了，你和我們一樣。**我們全都做出這個決定，認為不結婚是較不安全的決定。**」

兩年後，丈夫要和史圖里諾離婚。她表示，在「瘋婚姻」瘋了一年後，她明白婚姻的安全網只是一種假象，除非雙方能日復一日投入在彼此身上，否則這個社會概念就只是幻覺，毫無意義。

史圖里諾說：「他娶了我，結果還是為了一個二十四歲的女子拋棄了我，無論是否結婚，無論有沒有孩子，無論你怎麼樣，這都有可能發生。」

菲利波維奇在三十四歲結婚，已經從法學院畢業近十年。

她說：「每個人都渴望找到生命的意義，讓他們每天早上想要起床。過去，女性總被告知，人生的目的應該來自結婚生子、照顧夫婿和家庭。但是對許多女性而言，這無法滿足她們的需求。我認為，現在包括自己在內的很多女人，並不覺得那些東西能帶來多大的意義，反而是在其他地方找到人生的目的。因此我認為這種在更廣大範圍找出目的的能力，是驅動成年期出現這種轉變的原因之一。」

當然，不是每個人都有這樣的特權，不是每個女人都能養活自己；有些女人想結婚，卻找不到想找的伴侶：教育程度和工作領域都與自身相仿。平均而言，黑人女性比其他主要種族與族裔都還要晚婚。社會科學家尚未完全找出背後的原因，但是實證研究把矛頭指向勞動市場的不平等，以及黑人族群面對的其他結構劣勢，對黑人男性更是如此。俄亥俄州立大學（Ohio State University）科萬種族與族裔研究中心（Kirwan Institute for the Study of Race and Ethnicity）研究人員安琪拉．史丹利（Angela Stanley），在〈黑人／女性／單身〉（Black, Female and Single）這篇文章中寫道：「我和我的單身朋友可以證實，在大學期間與出社會後，約會選擇較少，數量上超過黑人男性確實會帶來很大的考驗。」

無論如何，社會仍傾向要求女性應該結婚（及生子）。美國女星珍妮佛．安妮斯頓（Jennifer Aniston）同樣逃脫不了類似看法的抨擊，被認為不快樂就是因為她單身又沒小孩。她告訴《她》（*Elle*）雜誌：「**我們的社會傳遞給女性這樣的訊息：到了這個年紀，妳應該結婚了；到了這個年紀，妳應該有小孩了。但那是童話故事。我們正慢慢跳脫這樣的框架。**」

她接著說：「**為什麼一定要有幸福的結局？純粹有一個幸福的存在呢？或是一個幸福的過程？我們每個人一直都在某個過程裡。**」

你在這個時間想追求的，不見得和另一半相同

和同居男友分手後，我開始懷念某任前男友。我會想念他是有道理的，我們在二十幾歲時曾經交往很長一段時間，兩人在那段時期都變成更好，而且我對他有很

多不同的感受：他令人愉快、迷人、充滿吸引力、棒極了，又會讓人十分生氣、善於製造瘋狂。他可能前一秒很舒服自在，下一秒變得難以預測，還有好多數不清的特質，讓我對他既是欲罷不能，又懼怕他強大的性格會壓制自己。

雖然已經不再是戀愛關係，但是我們一直很親近，會盡量抽空傳簡訊、拜訪對方，也有會一起出去玩的共同朋友。那是一段複雜的友情，我常因為他堅持己見和不願意與每個人打好關係的行為而皺眉，但是同時也常常覺得這段關係很輕鬆，我喜歡和他一起做的每件事，有一次只是去幫住宿的Airbnb買廁所衛生紙和洗衣精，也讓我開心得驚訝不已。他讓我使用他的亞馬遜（Amazon）Prime帳號；鼓勵我為自由接案事業設立有限責任公司。我的寵物魚死掉時，我打電話給他；他以為要被解僱時，在早上打電話給我。有一次，我們和另一個朋友騎單車到洛杉磯海灘，我看著他坐在前方，一邊踩著腳踏板，一邊把衝浪板夾在腋下，突然覺得應該放下和他在一起的恐懼，不顧一切地追求。

儘管我很害怕，但也知道他會為我帶來挑戰，我想要竭盡全力時，他會支持我，也會留給我激動焦躁的空間，還很喜歡我總是不斷在想：接下來呢？

我不知道是否可以相信自己的感覺，有一部分的我很肯定，應該獨自蜷縮在某個角落一段時間，不過認為自己只是被恐懼淹沒的確信感，壓倒了那些感受。

我難以成眠，想當面和他聊聊。經過一連串失眠的夜晚後，這樣的想法變成極具賣座潛力的計畫：我要搭乘飛機，出現在他家門口，向他求婚。至少一部分的我知道這樣太瘋狂，彷彿一隻被浪漫喜劇沖昏頭的猴子控制了大腦。

不過這件事也感覺很急迫，好像這是我唯一的機會。我花了整整一天買機票，滑鼠游標停留在完成交易的按鍵上很長一段時間。我還訂了一家飯店，因為知道求婚後很可能不會待在他的公寓過夜。

我也知道這麼做很自私，因為我讓對方完全沒有心理準備。在等待轉機的機場裡，我心想：「回頭吧！妳到底在做什麼？」

那天是週二，我穿著刷破牛仔褲，坐在登機門的地板上。我的包包裡有一件洋裝，打算之後換上。可是在等待登機時，我要啟程去做的事突然變得真實，阻止我把這趟追尋之旅變得更加可笑。

在飛機上，我傳訊息給茹西（她知道我要去哪裡）：「這一切真是糟透了。」

當時，她在《歐普拉》（*Oprah*）雜誌擔任編輯，正在完成一篇文章，目的是幫助人們釐清自己真正想要的東西。

她寫道：「準備接收來自歐普拉的鬼話。無論是有意識或無意識，靈魂指引通常是以感覺、直覺、脫口而出的話、靈光乍現的想法等形式出現，就像一個拉著你袖子的小孩。」

她接著說道：「所以我認為那就是發生在妳身上的事，我也知道現在感覺可能不是這麼確定。」

在整趟航程中，茹西不斷傳訊息給我。最後，我們決定我應該離線，看一部電影讓自己分心。但是在那之前，她寫道：「我覺得妳知道自己想要什麼，而妳應該尊重這一點。」

我們對著彼此說我愛妳，然後茹西表示，如果下飛機後覺得恐慌，就打電話給她。

結果下飛機後，我就直奔他的住處。我在公寓大廳告訴管理員在等誰，然後坐著等了很久，久到我想奔逃而出。我告訴自己：「這太瘋狂了，快點離開這裡，去飯店。」管理員開口說：「回來了。」我抬頭看見他走進公寓，下班準備回家。

我還記得，他看到我時既困惑又開心。他親了親我的頭頂，反覆地說：「妳怎麼會來？」他告訴我，才剛訂了一張機票，幾週後要去找我和一些朋友，給我們一個驚喜。我們搭乘電梯到他家，然後我緊張地說出在飛機上練習的台詞。我說想要嫁給他，他則是若有所思地聽完我的話。我們聊了很多，我知道他愛我，但是他當時有約會對象，而且真的沒預料到我會出現，他那天晚上打算買聖誕禮物送給對方。我們都覺得十分痛苦。

我們聊了很多，期間我一直等待，事後想想，我猜自己是在等他點頭，不過單純在客廳和他聊天的感覺也很好。我們就這樣聊了好幾個小時，直到最後，他說出因為訝異和對我的關愛，讓他沒有立刻坦承：「我無法答應。」

當時已經接近午夜，他說要開車載我到飯店。我穿上靴子，準備離開時，兩人都在哭泣。**我釐清自己想要的東西，但是並不代表在對方人生的那個時刻也想要同樣的東西。**

再幸福的交往，都可能在面臨婚姻時轉折

查爾斯和男友馬特是在一場傑克遜維爾美洲虎（Jacksonville Jaguars）足球比賽上認識的，他們和不同的朋友同行，但是兩隊人馬中有些人彼此認識。馬特走上前向查爾斯自我介紹，查爾斯說：「看見他朝著我走來時，我就知道想和他結婚。說這種話聽起來很矯情，但是我至今仍記得那一刻。」

婚姻對查爾斯很重要，因為他想擁有父母所擁有的。他的父母已經在一起三十八年，不過在婚姻初期，查爾斯出生前，他們曾離婚一年，後來在他十歲時又短暫分開。他幻想著，結婚後「他要去那個大家都很愛講的美妙蜜月，擁有兩、三個小孩，每年全家一起度假，然後持續在工作上成長。」

三年前，查爾斯向馬特求婚，他們當時正要去聽流行歌手暨作詞人班・雷克托（Ben Rector）的演唱會。演唱會前，查爾斯寫信給雷克托的經紀公司，想了解他能否上台求婚。他在信中寫道：「如同所有的感情，我們也有爭吵的時候，但是我們總會回到彼此的身邊。我願意為他做任何事。就像你在〈白色禮服〉（White Dress）這首歌中所說的：『我從不知道我可以像愛你那樣愛一個人。』他說我拯救了他，但事實上他才是那個拯救我的人。」

雷克托的經紀公司回信表示，樂團不允許觀眾上台求婚，但是：「我們祝你找到一個完美的方式向馬特求婚，我們確信你一定可以！」

所以，查爾斯選擇演唱會結束後在飯店求婚。查爾斯才剛在馬特的面前單膝下跪，都還沒問：「你願意嫁給我嗎？」馬特就哭了。但是馬特尚未做好準備，因此回答：「還沒。」

查爾斯已經準備好要結婚，但是馬特卻還沒有，這讓他很挫折也很受傷，於是表明自己不會再求婚了，如果馬特想和他結婚，就得當求婚的人。查爾斯說：「我該做的都已經做了。」

然而，最近查爾斯覺得和馬特不太親近，他們都被工作與課業壓得喘不過氣，兩人的關係變得好像義務。數個月來，他們不是忽視對方，就是為了金錢爭執。大多數的晚上，他們都沒有待在一起，馬特會和朋友出去，查爾斯則在工作。真正一起外出時，其他男人常常和馬特打情罵俏，查爾斯說：「他是世上最美的男人。」馬特雖然不理會那些人，但查爾斯還是很生氣，「然後我一整晚的舉止都很過分。」

他們之前也曾如此，接著會大吵一架，做愛和好，然後「回到一開始的地方」。馬特並沒有變得比較想結婚，而查爾斯認為馬特的猶豫不決，至少有一部分是因為馬特的母親在他十幾歲時，把他送到現在已經停止營運的走出埃及（Exodus）營隊，也就是位於佛羅里達州奧蘭多，告訴參與者可以自行選擇不成為同志的組織，因為教會牧師建議馬特的母親這麼做。馬特因為在走出埃及及聽見那些指導，不太願意在公開場合對查爾斯做出親密舉止。兩人外出時，馬特不願意和查爾斯牽手或親吻，但是查爾斯卻很希望這麼做。他說：「那也影響他對結婚的感受。」

從抗拒到接受自己

有時候，馬特會告訴查爾斯：「我想結婚，舉行婚禮。」然後，他又會改變主意。查爾斯說：「因為那就表示他必須在公開場合結婚。」

查爾斯的心胸開放，不喜歡嚴厲批評他人，他想尊重馬特對婚姻的保留態度，儘管很希望兩人可以現在就結婚。他希望馬特有一天會準備好，但也知道對方可能永遠不會。查爾斯說：「對的事，就是在那一刻對一個人來說是對的事。如果一對異性戀伴侶不想結婚，想要有十個小孩，好，就去做吧！很多事都在發生，那就是人生，我們只能盡力做到最好。」

現在馬特和母親的感情很好，查爾斯也很融入他們的家庭。馬特的母親同樣住在佛羅里達州，距離四十五分鐘車程的密德爾堡（Middleburg），兩人在每年感恩節時，白天大部分的時間都會陪她玩桌遊、看電視，之後再去拜訪查爾斯的家人。馬特不常說出自己的感受，只有一次問過母親，為什麼要送他去參加走出埃及，她回答：「有人說那是對你最好的做法。」

查爾斯說：「我可以半原諒別人這樣，因為那是他們成長的方式，他們不知道要怎麼辦、如何應對這件事。在某方面來說，他們或許並不清楚那些營隊究竟在做什麼。」

青少年時期的查爾斯很難接受自己是同志，他在十二、三歲時會在網路聊天室和男性聊天，列印男性的裸照放在棉被底下。母親顯然看見他在做什麼，有一天便詢問他是不是同志。

查爾斯說：「我至今都非常清楚地記得那天，幾乎像是靈魂出竅的經歷。」母親當時坐在書房裡，而他則站在門口，哭著否認。

母親說：「如果你是也沒關係，告訴我。」

查爾斯說：「我一直否認。後來想想，我真的很希望那時候可以接受這件事，對她出櫃，但是其實更希望當時能對自己出櫃，這樣就可以省下很多痛苦與心碎。」

幾年後的某天，查爾斯跪在房間的地板上，對自己的性傾向困惑不已。他說，他

「哭著祈求上帝把我『變正常』，我再也不想當同志了，我再也不想面對這件事。」他把祖父贈送的十二口徑獵槍裝好子彈，放進嘴裡，最後沒有扣下扳機是因為想起母親。他說：「沒有別的原因，我只是不想傷害我媽。」

二十一歲時，查爾斯終於準備好告訴父母，自己是同志。他邀母親共進午餐，然後和當時的男友一起出現，他告訴母親：「媽，我想讓妳見見我的男朋友。」

他說：「一如往常，我媽對這整件事的反應都很貼心。」

至於父親，查爾斯則是在新兵訓練營寫了一封信告訴他。他們從未談論那封信，但是當查爾斯從新兵訓練營返家時，父親跳起來抱住他。他說：「就像一隻蜘蛛猴，雙手雙腳纏在我身上。」

再大的打擊，終將隨著時間沉澱

求婚失敗後，我回到德州的家鄉，向母親坦白做了什麼事。前男友不想和我在一起，讓我傷心欲絕。在求婚事件結束後的黑暗時期，我也認為自己永遠不會結婚了。

在當時，無法結婚感覺是重大的損失，奪走人生中其他讓我快樂的一切。我還記得向母親說自己一無所有，在那個時刻，這種感覺格外清晰，彷彿我想要的一切都沒了，只因為沒有訂下終身。

「一切都會沒事的。」母親向在她懷裡哭泣的我這麼保證，就好像我是五歲小孩，說故事的時間到了。我確定母親當時的意思是，我最終還是會結婚的，但是當我因為太過心碎而無法回到紐約，在德州待得比原先計畫還久時，開始思考自己為什麼會想要結婚［我還把影集《奇異果女孩》（*Gilmore Girls*）全部看玩，同時傳了數十億則訊息給茹西］。

還能理性看待事情的那一部分自我知道，以前婚姻從來就不是我生命中很重要的一件事，所以沒道理會突然變成我的一切。

當然，我還是想和前男友在一起，希望他能回心轉意。到德州時，他傳了訊息給我：「希望妳已經平安抵達。」我視為自己還有希望的跡象。

但是從邏輯上來說，我知道自己可以和他或任何人投入一段戀情，卻不必真的要結婚。我相信家人是自己選擇的，從不認為基於血緣或法律和我有關係的人，就一定會比基於愛而和我產生關係的人更重要，也不認為結婚會讓自己更像大人。所以為什麼我現在會這麼在乎婚姻？只是因為我被拒絕了嗎？

我不斷思考著，最後得到一個結論：當然，我會這麼受傷，有部分原因是因為不喜歡得不到自己想要東西的感覺，而且是真的想和前男友在一起，不過我也想結婚。

我一向希望讓人們知道他們對自己有多重要，也喜歡獲得相同的感受。我常常對朋友說「我愛你」；我會用力地擁抱別人；我在社群網站和其他任何地方都很會給愛心；我傳訊息給其他人時，經常只會寫我覺得他們有多棒。

至於婚姻這件事，我希望公開宣布自己選了一個親密伴侶，希望大聲對這個人說出承諾，也讓對方對我做出同樣的事。每當幻想自己和前男友的婚禮時，我不太會去想婚紗、美食或舞蹈那些事，而是會想著要如何說出我愛他、重視他的哪些地方，結婚是表達「你對我就是這麼重要」的一個好方法。

我還是想對前男友說出那些話，但也慢慢看清楚一開始鋪天蓋地襲來的那種絕望，知道自己必須回到紐約。回去的那天晚上，從八年級就認識的老友馬修帶著零食，在公寓前的人行道和我碰面，他不希望我獨自一人。公寓裡，茹西在餐桌上留下鮮花和卡片。我和馬修叫了泰式料理外送，茹西後來也來了，然後我們時而歡笑，時而嚴肅地暢談上次見面後，彼此的生活發生什麼事。那天晚上，被朋友圍繞、**支持**的我，明瞭自己的心碎感受並沒有感覺到的那麼絕對。到了早上，我會起床；到了早上，我會繼續前進。

再一次求婚

查爾斯曾試著接受，馬特可能永遠不想結婚的這一點，但還是希望兩人能結婚，所以決定再努力看看。他之前也表明不會再開口求婚，但是現在距離第一次求婚已經過了一段時間，他對於馬特說還沒準備好的話感覺不那麼受傷了，因此考慮再次求婚。現在是七月，他可以在秋季旅行時求婚，說不定又是去倫敦。九月一日那天，是他們交往八週年紀念日。

這一次，查爾斯試著讓馬特做好心理準備。他說：「他知道我很快要求婚，我們就看看這一次會怎麼樣。如果他再次回答『不』或『還沒』，他就去其他地方睡吧！」

初夏，兩人參加一場位於北卡羅萊納州坎頓（Canton）附近山上舉辦的婚禮。和朋友一起在一棟很大的木屋裡打地鋪；馬特負責主持婚禮；儀式後，查爾斯說：「我們喝酒度過愉快的時光。」他向馬特建議，如果他們結婚也可以舉辦類似的婚禮。

馬特說：「我不想舉辦儀式。」

查爾斯說：「可是結婚的重點就是要有婚禮啊！不然就只是簽字而已。」

查爾斯不再逼問馬特為什麼不想舉辦儀式，但是現在很希望他當時能了解，他懷疑這和馬特在走出埃及度過的那段時間有關，不過他永遠不可能這麼直接詢問，要是問出口，他擔心馬特會氣到不想和自己在一起，更遑論結婚了。

到了九月底，查爾斯已經訂好十二月的多倫多之旅，打算在那裡求婚。說到即將到來的求婚，他好像必須做好心理建設，才能鼓起勇氣再做一遍。查爾斯說：「馬特對這件事肯定有心理障礙，但是我不管，我們就是要結婚，還要舉辦婚禮。」

同一時間，他們到墨西哥餐廳吃晚餐，慶祝週年紀念日。查爾斯本來期待能有燭光晚餐，他說：「我很喜歡像電影般的浪漫元素。」但是他知道以馬特的個性不會這麼做。「所以我只好找到平衡的妥協點。」他們的多倫多之旅有幾天會待在大自然裡的一間樹屋，他打算在那裡向馬特求婚。查爾斯說：「他不會拒絕的，現在正是時候。」

顛覆對婚禮的負面與刻板印象

不久前，莎莉和一位摯友開車到奧克蘭玩，對方問她在不在意結婚這件事。莎莉說：「我一直說不，我不在乎，要是小杰覺得這對他很重要，或許吧！但是如果他沒有提起，我也不會多說。」

再過幾週，他們要參加小杰最好朋友的婚禮。莎莉總是盡量避開婚禮，先前小杰有一個朋友在底特律結婚，莎莉說要工作，無法同行。她說：「我其實可以逃過，但是也想找一個藉口。我對婚禮就是沒有那麼在乎，那種場合裡有太多我不喜歡的東西了。」她常常只認識一群人中的一個，甚至連一個也沒有；食物通常不好吃；她不想盛裝打扮。她說：「只是為了參加婚禮，就得穿高跟鞋或非平底鞋的鞋子。我很高興你要結婚了，結婚也對你有意義，但我就是沒有那麼在乎。」

參加別人的婚禮時，莎莉也不會想像自己的婚禮是什麼模樣。她說：「那種感覺很疏離，別人做什麼和我完全無關，我只會想：『哦，很棒啊！那又怎樣。』我也不是酸民；我很替他們高興，不過那種感覺是有距離的。」

莎莉以前想像和前未婚夫舉行的婚禮，是在公園裡野餐。她說：「我想要有高級三明治，然後和朋友喝酒，消磨時間。」

這引發了一場爭執。

前未婚夫說：「不，不可能，妳在說什麼啊？我做不到。」

除了不在意是否結婚外，莎莉也覺得越來越不想要小孩。她說：「關於這兩件事，我經歷了很多階段。」剛開始和小杰交往時，對方就明確表示想要小孩，但是在那之後，她說：「我覺得他開始接受其他的可能，不一定要按照別人告訴你的方法做事。在他自己的旅程中，我漸漸做出和以前相同的結論，就是我不在乎。我不知道會不會有完全排除那些東西的一天，但是當我評估現在的人生和不久的將來時，覺得自己並不想要那些。」

莎莉懼怕出席的那場婚禮，結果變成參加過最棒的婚禮之一。小杰是婚禮小組的成員之一，因此在儀式開始前，他介紹兩位大學朋友給莎莉認識，三人立刻成為朋友。當賓客入座時，莎莉四處尋找位子，兩人叫住她。

他們說：「女孩，妳在做什麼？和我們一起坐吧！」

新郎才剛開始踏上走道，就開始啜泣。莎莉說：「他哭得好慘，真的超甜蜜的。」晚餐後，他們全都開始跳舞，她說：「有一些人吃了搖頭丸，是我沒料到的，但是覺得還好。」

前一天的彩排晚餐時，她和小杰坐在另一對男女旁邊，對方問他們有沒有小孩。

莎莉說：「如果那裡有很多有色人種，有小孩但沒結婚的機率非常高，不過參加白人的婚禮時，我覺得他們不會那麼想。」

兩人回答沒有小孩，那對男女又問他們是否打算結婚。

小杰代為回答：「我們談過這件事，我自己也不反對結婚，但是我們現在正專注衝刺事業，也都不急。」

他一邊說，一邊看著莎莉，彷彿在詢問：「我這樣沒說錯吧？」

莎莉說：「我證實他不擔心這件事，可以得到證實的感覺很好，因為之前我並不確定。這是我因為不在意，就不會多說的事，所以如果我說：『這對我來說一點也不重要，我們來聊聊吧！』感覺就很奇怪。」

爭執後仍然緊密相依的感情

查爾斯為馬特買的訂婚戒指是素面鍛敲銀戒，因為馬特曾說：「不喜歡華麗的東西。」包裹寄來後，查爾斯就放在床頭櫃上，告訴自己不要打開，因為要是打開了，他怕馬特會偷看，可是他抵擋不了誘惑，想看看戒指。他說：「愚蠢的一面戰勝了我。」

或許他不是愚蠢，馬特討厭驚喜，因此他可能是想給對方一個預告，讓馬特知道他不是說說而已，他已經準備好求婚戒指了。查爾斯說：「或許我在潛意識裡知道他會偷看，或許我就是希望他偷看。」

馬特的確偷看了，但是查爾斯要到幾天後吵架時才會發現。那天，他們參加傑克遜維爾一個稱為「門廊節」（PorchFest）的全天音樂節，從上午十點就開始喝酒，而他們喝醉時很容易吵架。

當時，他們正和一些朋友吃晚餐，聊到工作的事。查爾斯說出類似這樣的話語：「要不是我，馬特不會是現在這樣。」這句話給人的感覺，並非他的原意。查爾斯當初替馬特引介的一個人，後來給了馬特第一份社工工作。他說：「我介紹一個人給他，結果演變成為他的職涯，我覺得很酷，我想成為伴侶人生的一部分，我覺得很驕傲，但是兩人都喝醉時，很容易誤解對方的意圖。」

馬特離開餐廳，走回兩人的家。兩人爭執得越來越激烈，最後馬特告訴查爾斯：「我知道包裹裡是什麼，我不想要。」

他們隔天就和好了（彼此都覺得很抱歉），但是馬特沒有說明關於不想要戒指的事，查爾斯也很害怕，不敢問對方是不是認真的。

那一次的吵架並未改變查爾斯的求婚計畫，他還是打算十二月在多倫多求婚，雖然他也坦承：「我有很多臆測。」查爾斯心想，如果馬特真的不希望他求婚，應該早就提出分手。他說：「吵架後，他大可終止這段關係，然後表明：『我們結束了。』」但是馬特沒有這麼做，「我們和好了，現在還在一起。」

查爾斯對於究竟要怎麼求婚想了很久，他們會在旅程第一晚抵達荒野中的小木屋，也就是他希望求婚的地點，但是他覺得要等到第二天準備早餐時，他會再次單膝下跪，但是不會馬上這麼做。他說：「看到一個人做出那樣的動作，腦袋會變得一片空白。我想先把所有甜蜜美好、令人愉快的東西說完後，再單膝下跪。」

無論幾歲，都依然全力以赴

雅辛試圖在農夫市集上和梅蘭妮分手的一年後，兩人在清真寺結婚了。他們剛認識時，梅蘭妮是天主教徒，後來改信伊斯蘭教，她在了解雅辛的過程中，偶爾雅辛會告訴她，關於自己性格的某些面向，並且說：「我把這些歸功於伊斯蘭教。」這讓梅蘭妮對這個宗教產生好奇心。她沒有告訴雅辛，開始閱讀相關資料，最後決定也想成為穆斯林。

雅辛非常推崇梅蘭妮，總會說到她經營行銷事業的能力有多強、將來會是多棒的母親，就算梅蘭妮沒有改信伊斯蘭教，也不會改變和她結婚的念頭。他說：「重點是我喜不喜歡她，還有她是不是好人。」不過，他會希望梅蘭妮同意把孩子養育成穆斯林，而她也確實同意了。他說：「我想說自己真幸運，我不認為自己值得找到一個這麼適合我的人，但是卻真的找到了。」

兩人決定婚禮後不宴客，因為負擔不起他們所知的唯一一種宴會，也就是在大型活動場地吃晚餐，聽現場演奏。

然而，婚後一年左右，兩人還是想和親朋好友舉行一場派對，因此決定不要再被傳統方式束縛。他們在紐澤西州自由州立公園（Liberty State Park）舉辦野餐會，遠眺自由女神像。總花費約為四千美元，大部分是花在食物上，也就是清真烤肉餐車販售的雞肉和牛肉飯，以及當地麵包店的千層果仁蜜餅。雅辛說：「冰箱裡還有剩下的白醬。」

兩人一直談到生小孩的事，但是雅辛不希望現在就生，主要是因為他不覺得賺的錢夠買嬰兒需要的一切用品。他說：「我不認為我們像別人一樣準備好生小孩了。」但是同一時間，他相信到了某個時候，他們還是會毫不猶豫地進行。如果梅蘭妮懷孕了，就會想到辦法。雅辛說：「我們會全力以赴，我做任何事都希望竭盡全力，包括家庭、事業、社交生活。**我的三十歲、三十一歲、三十二歲、三十三歲都只有一次機會，每個歲數都只有一年，我不希望回頭看時，覺得自己浪費那一年。我希望自己想的是：哇！我去做了，我很努力去做了，我很高興自己這麼做。**」

擺脫求婚的框架，回歸承諾的原點

查爾斯和馬特抵達多倫多荒野裡的出租小木屋後，發現廚房比照片上看起來還小，只有一個電磁爐，壁爐也不能使用。查爾斯的求婚計畫才剛要展開就毀了，他說：「我在腦海中設想的一切細節，就這樣破滅了。」

早上，兩人決定外出用餐。查爾斯把戒指放在口袋裡，以防萬一。在離開一百公頃園區的二．五公里車程期間，他們停了下來，在兩旁松樹林立，被白雪覆蓋的小路上自拍。查爾斯想過在當下求婚，他說：「那裡就像明信片上的風景，真的很美。」但是拍完照後，馬特又匆匆回到車上。

查爾斯一直把戒指放在口袋裡，等待另一個充滿田園景致的一刻。到了多倫多，他們在加拿大國家電視塔頂端吃晚餐，而餐廳就在這座城市上方旋轉。查爾斯想在晚餐結束時求婚，但是兩人後來發生一點小爭執，所以他沒有這麼做。最後，他在整趟旅程中都沒有求婚。

查爾斯說：「我很害怕，想了很多，我不覺得那會是電影裡看到的夢幻畫面。我一直在想：要找一個更好的時機求婚，但是時機來了又去，然後不知不覺就坐上回程的飛機。」

回到家中，查爾斯試圖釐清自己為什麼說不出口，他只是想要結婚而已，為什麼求婚非得像電影一樣完美？他說：「思考這件事時，我有一點幼稚，想把它變成童話故事，就好像：**我看過的求婚都是那樣，所以求婚就應該是那樣。**求婚一定要超級可愛、浪漫，讓你看到人就講一次，直到時間的盡頭為止。」

思考一陣子後，查爾斯發覺**自己真正想要的，不是完美無缺的求婚，而是他和馬特能驕傲地以同志的身分，公開對彼此許下承諾。**他想要摒棄童年和青少年時期，為了隱瞞自己性向所做的一切，成為馬特的丈夫。於是返家幾週後，在跨年後的一、兩天，他下定決心不再試圖籌畫最完美的求婚，而是直接向馬特表明想要結婚的事。

查爾斯告訴馬特：「我不想再一直思考這件事，我不想再一直畏首畏尾，這是我想要的，所以我覺得我們應該大方談論這件事，達成共識。」

馬特表示能夠理解，但是還沒準備好要結婚，也希望查爾斯不要問他，等他準備好了，就會告訴查爾斯，到時候他想當求婚的一方。

查爾斯同意了，雖然他知道讓馬特按照自己的步調做好準備，代表不會很快就有婚約在身。他說：「我不期望這件事會在不久的將來發生。」

儘管如此，至少查爾斯現在明白自己真正在尋找什麼，又為什麼會尋找那樣東西。他說：「我想和別人一樣，在手上戴著戒指，歌頌我和他曾經歷的一切難關，無論是交往期間或尚未遇見彼此之前。我想大聲說：是的，我們做到了。」

第四章

職涯成長與財務自由

「存款現在有多少？職等爬到哪裡了？」

曾經以為到了一定的歲數，就能在社會爬到一定的高度，現在卻依然還在第一階來回踱步。如果世界是個金字塔，多數人注定要成為支撐著尖端菁英的角色，用我們能力所及的方式，過我們能力所及的生活。

我們常常覺得到了某個年紀，就會到達應有的高度，然後終於可以深吸一口氣，休息一下，但是這一刻尚未到來。

——亞當

穆麗兒和尼克搬到洛杉磯時，分別是三十一歲和三十歲，兩人剛剛結婚，並且嘗試發展喜劇事業。

尼克第一次注意到穆麗兒是在八年級，但是她對他卻毫無印象。當時她和十歲的弟弟在西雅圖一個名為「鄰里生活」（Folklife）的街坊市集裡賣藝，穆麗兒唱歌，弟弟跳踢踏舞，兩人在地上放著一頂帽子，然後用收到的打賞支付舞蹈課費用（還有市集裡賣的巧克力裹香蕉）。

「我弟和我曾經為了什麼舞蹈動作該搭配哪首歌，還有哪首歌的節奏太快這種事，吵到不可開交。」穆麗兒說。尼克會拋接雜耍，但是因為太害羞，在市集表演的次數屈指可數，他很羨慕穆麗兒充滿自信。

尼克再次見到穆麗兒是在高三，穆麗兒姊弟轉學到他的學校。當時兩人站在走廊，尼克馬上想起。「你們曾經表演踢踏舞，對嗎？」他說。

尼克和穆麗兒成為朋友，他會去欣賞她的戲劇演出，通常是威廉・莎士比亞（William Shakespeare）的劇作。他看著穆麗兒扮演《李爾王》（*King Lear*）裡的愛德珈，身穿男裝，表演擊劍。

「她的演出讓其他同台演員顯得黯淡無光。」尼克說。

兩人在大學時開始約會，但是在決定從朋友變成情人前，穆麗兒決定和尼克談談。如果戀情不順利，她不希望失去兩人之間的友情，所以告訴尼克，兩人不該是出於責任義務而在一起，強迫的承諾可能會讓彼此心生不滿，因此希望雙方每一天都能努力經營這段關係，「保證會盡最大努力維持健全的關係，並且彼此都幸福快樂。」結婚感覺上就是最終極的強迫承諾。

隨著兩個人漸漸邁向三字頭，一起從西雅圖搬到芝加哥，他們談到婚姻：「結婚對你目前來說有意義嗎？」或是「我們是否在朝著結婚邁進？」

但是直到從芝加哥搬到洛杉磯後，穆麗兒才開始有了結婚的念頭，**她不再覺得結婚是義務，而是能彰顯這段感情對她有多重要的方法。**她開始思索人生，還有「基本上，就是**我想要什麼？**」她說：「當時我逐一檢視自己的東西，覺得此刻伴侶關係是我最重要的部分，勝過一切。」

尼克也對結婚感到興奮，對他來說，結婚突然間別具意義。「婚姻顯得浪漫又有意義，然後我看我們就放手一搏，我們結婚吧！這感覺很迷人。」他說：「想到所有的法定手續，籌備婚禮，然後找來雙方家人，完成整件事，感覺是一個大改變，很好的大改變。」

兩人在西雅圖一個靠近海灘的公園裡舉行婚禮，穆麗兒小時候曾在這裡玩耍，並且搭起露營雨遮。當天有點下雨，穆麗兒的母親升起火堆。穆麗兒希望治安法官能將儀式聚焦在彼此對婚姻的承諾，因為她覺得強調雙方有多麼優秀，或是這份愛情多麼空前絕後顯得很可笑。她說：「結婚最酷的部分就是兩人合而為一，這是一件大事，當中充滿力量。」

儀式的最後，尼克淚流滿面。有一張照片是尼克的母親想抱他，他卻因為哭得太凶而不斷往後靠，遮住眼睛。

穆麗兒說：「結婚過程完全超乎我原先對這件事的所有期待，遠遠不止儀式上的意義。」

為了成名而努力，不忘追求當下的快樂

尼克和穆麗兒的喜劇演出很難界定，他們同時進行很多計畫。穆麗兒在即興劇場演出，尼克從事單口喜劇，兩人有一個播客節目，會一起寫劇本，還創作一齣網路劇，他們總是在申請各類創作補助金與獎學金。

但是所有手邊的案子都無法賺錢，因此兩人都在餐廳兼職，穆麗兒是服務生，尼克則擔任酒保。他們搬到洛杉磯已經五年了，現在分別是三十五歲和三十六歲，尼克曾經以為他們會有更多的成就，不再需要到餐廳兼職。搬到洛杉磯之前，他們住

在芝加哥，過著和現在很類似但更儉樸的生活：在餐廳兼職，然後尋找各種喜劇演出機會。尼克說：「搬到洛杉磯是因為這裡是娛樂產業大本營，這裡有更多的工作機會，搬家是為了事業發展。」

他們住在費爾法克斯郡（Fairfax）的一房公寓，共用穆麗兒祖母給的一輛二〇〇八年出廠的本田（Honda）汽車。穆麗兒不會開車，她工作的餐廳可以步行抵達，需要去其他地方時，尼克會盡量接送。他們剛拿到車時，里程數是一萬六千英里，尼克估計這輛車還可以再開二十萬英里，所以還能撐一段時間，但是「我們必須在車輛報廢前闖出名堂。」他說。

其他追求同樣類似事業目標卻還沒成功的朋友們，有些早已放棄，有些則是把演戲和寫作當成興趣。「我們之中只有極少數的人還在奮鬥，卻尚未成功，然後還在餐廳打工，覺得自己仍然站在起跑線上。」尼克說：「我的心中常常深感羞愧。我有好多事業有成的朋友，有人有了很酷的事業，也有人已經出名，是上電視或得到艾美獎那種有名的程度。我說的是那些在芝加哥同期出道的人，所以當然覺得自己還在餐廳兼差很丟臉。」

尼克和穆麗兒剛搬到洛杉磯時，甚至連餐廳工作都找不到，沒人想僱用他們。後來穆麗兒看到一家脫衣舞俱樂部在徵求單口喜劇演員，建議尼克去應徵。為了面試，他們在馬歇爾百貨（Marshalls）買下一套凱文克萊（Calvin Klein）西裝，穆麗兒再用膠帶和訂書機修改長度。尼克成功獲得演出機會，工作是在每位舞孃表演前做介紹，每介紹一位就有十美元，一晚大概會有四十至六十位舞孃上台。「這份工作養了我們兩年。」穆麗兒說。

最後，穆麗兒找到餐廳服務生的工作，但是她非常沮喪。他們在陌生的城市努力發展喜劇事業，卻似乎毫無進展。她說：「那段時間很恐怖，我完全不知道該如何面對，每次端盤子都忍不住哭泣。」這時候的尼克經常去表演單口喜劇，晚上穆麗兒通常是獨自一人。

「我們極度疏離。」穆麗兒說。尼克去表演，她則對於沒有把所有空閒時間花在追求事業上懷得有罪惡感，她告訴自己，應該尋找徵選、寫作機會，或是到即興劇場演出，但通常只是躺在地板上，苛責自己。

她說：「我一直覺得自己是沒有專注在目標的垃圾，美國夢是菁英制度，成功是你賺來的，如果一事無成，就代表你付出不夠。**如果一事無成，你很容易會覺得我不夠格。**我一直告訴自己，我不值得變得更好，所以總是難過到不行。」

後來尼克終於明白，如果想靠單口喜劇演出賺錢，一週不能只有兩場演出，他應該在喜劇俱樂部出沒，到現場參加沒有被選上的演出，然後巡迴拜訪整個西南部的喜劇俱樂部。但是尼克不想這麼做，於是他和穆麗兒更密切合作，一起寫劇本，一起表演，兩人交織的程度隨著手上工作的需要而起伏。

兩人最主要的爭執點在於，尼克覺得像目前這樣生活一輩子也無妨，這不代表他不想辭去餐廳工作，只專注在喜劇表演上，但是就算喜劇事業停滯不前，他也不想放棄。他說：「我不相信自己能做其他的工作，我無法想像自己會覺得受夠了。雖然我有時候會亂了手腳，有時候覺得丟臉，但是大部分時間都打從心裡覺得快樂。」

穆麗兒也喜歡這樣的生活，但是她想覺得自己有所成長，害怕兩人停滯不前。在餐廳工作與帶來的收入，或許讓他們開始安於現狀。只要工作兩個早午餐時段，穆麗兒就能賺到一週的生活費，讓她和尼克可以把剩下的時間，花在沒有任何收入的創作計畫上。

她說：「這降低我追求優質創作機會的渴望，我只是想確定我們有在前進，從不覺得我不想過這種生活。我喜歡自己做的事，但要確定這不是因循苟且。只要你願意，製作網路劇、在客廳作畫、去餐廳打工一點也不難，這也是一種人生，但我總認為自己是為了未來更強大的生活建立基礎。」

穆麗兒一方面希望自己在前進，也希望能夠偶爾放空一晚，聽著喜歡的播客《真實罪案調查所》（*True Crime Brewery*），小酌一杯，然後心裡不會有著自己應該做正事的愧疚感。部分原因是穆麗兒開始認清，**雖然她和尼克盡最大努力找尋熱愛的工作，但是或許永遠也找不到，如果一直把眼光放在可能無法達到的未來目標，就有可能錯失所有當下的快樂。**

她說：「最近我試著允許自己說：『**你得休息一下，不要覺得自己過得太放縱。**』

我認識的很多人都會這樣，總是覺得自己很糟。我們的日常運作中有一大部分，是用羞愧感逼迫自己做覺得應該做的事，我像是自己最糟的死對頭；我絕對不會用和自己對話的語氣對其他人說話。」

不再沉默，為少數發聲

二〇一六年，當時擔任雅虎（Yahoo!）執行長的梅麗莎．梅爾（Marissa Mayer）接受訪問，她提到一週工作一百三十個小時是有可能的，「如果你很有規劃地睡覺，安排洗澡時間和如廁頻率的話。」梅爾為了工作犧牲一切基本需求的策略，遭到許多人嘲笑，但是我們應該日以繼夜工作的觀念卻沒有。

當時我是雅虎時尚美妝（Style）的編輯之一，梅爾是我（高好幾個層級）的上司，不停工作就是我的生活寫照。

其實那是短期約聘職務，只是在人手短缺時幫忙幾個月。身為約聘人員的我沒有員工福利，但是有一份規律收入（不像完全依賴接案寫作時）。在雅虎，員工要隨傳隨到，而我就是。

每天起床，我就開始檢查電子郵件與手機訊息，上班途中，一走出地鐵車廂和回家的路上也是如此。如果搭乘地鐵時收得到訊號，然後看見必須緊急處理的工作，就會立刻在下一站下車處理。我每天工作到很晚，但是即使如此，還是會帶著公司筆電回家，以備不時之需。睡前的最後一件事，一定是檢查郵件，每週六、日也會工作好幾個小時。

待在雅虎時，我時時刻刻都在工作，這完全是為了個人升遷，而且發現身邊大部分的同事也是如此。我看到努力工作與職涯發展間的直線連結，而且直到最近，我才發現能有這種觀念簡直就是一種特權。「我也是」（#Metoo）和「黑人的命也是命」（Black Lives Matter）兩項運動，促使我開始檢視所處的工作環境，當時的結論讓我震驚不已：過去十五年來，我以為自己在職場上已經盡力做到最好，但是其實沒有。

因為專注在自身的工作和成果，我允許自己對親身經歷，或是聽人轉述的性別和種族歧視行為視而不見。當我得知某位編輯在工作聚餐時被上司性騷擾，心裡很不舒服；當自己遭遇性別歧視，像是坐在附近的一群男性編輯嘲笑我寫的故事，或是有主管問我會不會背著男友出軌，我對於這種輕視感到憤怒，卻從未對任何行為說過一句話，無論對是其他員工或人力資源部門。沉默的原因是，因為我不認為這些行為會阻礙自己邁向作家和編輯的腳步。當我工作的雜誌刊登歧視亞裔美國人的報導，或是一位黑人實習生因為建議在封面使用更多黑人名流，而遭到嘲笑（並被告知這樣的封面不會有銷售量）時，我沒有挺身而出。我還記得自己覺得那些在公司外抗議歧視文章的人，以及那位希望有更多黑人封面的實習生是對的，卻沒有參與抗議，更沒有替實習生說話。我不曾試著改變所處的工作環境，因為這個環境對自己有利。

王康妮（Connie Wang）在時尚網站Refinery29，寫過她稱為「心懷感恩世代」，這些人從未曾批評我們所處的體制。相反地，「我們應該設法在殘破的體制裡存活，遵守所有潛規則，保護自己，在事情不對時偷偷修正。」她寫道。

今天有很多年輕員工並不是這樣，他們會向人力資源部門申訴，如果沒用，就訴諸社群平台或媒體，替自己和其他人爭取更公平的對待。他們的行為與思維和我完全不同，他們做的不只是為了自己的事業。回首過往，意識到自身的沉默助長那種工作文化讓我難受，我的默許正是問題的一部分。但是這也帶給我希望，我的職涯還有進步空間：我可以不再做只對自己有利的事，而是可以關注，並為對抗種族歧視、性別歧視、各種不平待遇發聲，讓其他人和我擁有一樣的機會。

但是在雅虎，我的職涯吞噬了自己，無論辦公室工作或外包工作都是如此。除了要隨時滿足雅虎的需要外，我也為其他出版公司撰稿，還在準備出書提案。我已經不再認為事業發展能引導自己看清人生的全貌，但仍相信這些工作最後能帶來足夠的安全保障，最後我不用再這麼辛苦地工作。我只是不知道什麼時候才會實現，是和雅虎合約結束時、等我撰寫的書籍賣出後，或者要等到銀行帳戶累積到某個數字？

我覺得事業和財務都穩定到自己能稍微放鬆的境界，就在前方，卻也知道還有一段距離，於是當雅虎的上司詢問要不要續約時，我給予肯定的答覆。

新的嘗試，帶來新的猶豫、猜想與獲得

尼克和穆麗兒最近開始參加廣告試鏡，對他們來說這是一個新領域。多年來，朋友們不斷告訴尼克，花費在討好那些難搞喜劇觀眾的努力，絕對能讓那些難搞的廣告導演喜歡他，然後參與廣告演出就可能會被相中，獲得客串電視劇的機會，但是尼克從未放在心上。

「我總是覺得，要做自己的東西。」他說。他覺得擱置自己和穆麗兒的案子，就表示他們放棄了，但一部分的他又清楚明白這會是好計畫，自己只是害怕在試鏡時遭到批評，如果沒被選上呢？

根據尼克的描述，超過一半的試鏡情形如下：

「你叫什麼名字？」

「嗨，我是尼克。」

「你願意剃毛嗎？」

「我願意。」

「尼克，告訴我你和貓有過的好笑經驗。」

「我通常會說：『天啊！五歲時我撿到一隻貓……』。」

尼克接了幾個不屬於工會合約廣告，薪水比行情低，但是比較容易入選，其中一個是他的第二次試鏡。那是拉斯維加斯旅遊廣告，尼克只需要做出表演單口喜劇的模樣，最後他的部分甚至沒有出現在最終版本的廣告裡，不過還是拿到費用。收到支票的那一刻，他想著，我終於是一個演員了。

穆麗兒也接到一則廣告，是旅遊網站Booking.com，她在裡面扮演「看著水牛的單身女性」。但是穆麗兒對那一次的經驗評價並不高，待在片場裡，然後有專屬妝髮師確實不錯，可是她必須向餐廳請假一天，而且因為這不屬於工會合約廣告，在扣除回家的計程車費(尼克載她過去)、經紀公司抽成、稅金後，拿到的錢比在餐廳工作一天的一半還少。

「當你告訴別人拍了一支廣告時，大家都盲目地相信這是好事。」她說：「沒有人想了解真實情況，這顯然是一件好事，有數以百計的人到處試鏡，然後什麼都沒拿到，卻沒有人想要坦白說出。」

穆麗兒是混血兒，黑人是父親，白人是母親，她有著一頭捲髮、不整齊的牙齒、光滑肌膚和燦爛的笑容。有時候她看似白人，有時候則是選角導演口中的「種族模糊」。她喜歡自己的身體，但也承認「我通常是房間裡體形最大的，因為這裡是洛杉磯。」現在廣告業的選角條件，已經不再只是牙齒潔白整齊的金髮美女，導演表示想要更貼近真實的演員，但是通常不會選擇穆麗兒。她說：「我經常被要求再次試鏡，我是好演員，但是大家都不知道要怎麼安排我。我對自己的外表很滿意，最後卻總是落選，再次試鏡時，大家只看外表。」

尼克和穆麗兒也一直把網路劇拿到各個電影節參展，劇情大綱是德雷克把呆頭呆腦的兄姊藏在加拿大；他不希望任何人知道自己有兄弟姊妹，但是兩人卻對德雷克異常執著。尼克和穆麗兒一起撰寫這齣網路劇，穆麗兒飾演德雷克的姊姊，尼克則擔任導演。他們在七天內拍攝八集，然後為了省錢，穆麗兒自學影片剪輯。一開始，兩人把影集放在YouTube上，觀看次數卻只有三百。「我們決定努力參加電影節。」尼克說，他們希望能讓更多正在尋找人才的業界人士看見。

兩人都坦承參加太多電影節了，總共花費兩千五百美元的報名費。尼克說：「有可能更多錢，我就像喝醉以後進行線上購物一樣，覺得像是『哦哦，明尼蘇達州電影節，看看有什麼競賽項目？』」

穆麗兒說：「我們參加過骷髏蝙蝠恐怖電影節（BoneBat Horror Comedy Festival），真懷疑參加這是要幹嘛？」

「我們的確參加過一些白痴活動。」尼克說。

儘管如此，每天起床，查看郵件，然後發現又有一個電影節接受報名時，「像是在過聖誕節一樣。」穆麗兒表示。他們還在討論到底要去哪幾個，不過今年已經確定會以電影節為重心。

在泛非洲電影節（Pan African Film Festival），這個兩人首度參加的電影節上，他們的網路劇被安排在晚上八點放映。穆麗兒一整天都很緊張，等到坐進滿座的放映廳時，覺得自己一定會緊張到嘔吐。

她和尼克的即興演出或單口相聲，都會逗得觀眾哈哈大笑，但是兩人從來不曾坐在觀眾席上，等著看大家對創作心血的反應，擔心只有自己覺得好笑。

尼克說：「穆麗兒的角色蠢斃了，如果失敗了，會是一大挫折。」

隨著影集開始播放，穆麗兒越來越害怕冷場，她說：「在座的全都是陌生人，我開始覺得我們根本是活在自己的泡泡裡。」

但是後來，第八秒時第一個笑點出現，觀眾開始大笑，再也沒有停止。「如果發生在你身上，你和一群陌生人共處一室，然後他們因為你創作的哏從頭笑到尾，你也會覺得：我們天殺的成功了，感覺太棒了。」尼克說。

放映結束後，觀眾不斷走來，告知這部影集有多好笑。尼克說：「他們的眼眶泛淚，大家都迷上穆麗兒，愛死她了，他們深受震撼。這真是令人興奮，是我整個創作生涯裡收穫最大的一夜。」

工作過勞與經濟衰退夾殺的年輕世代

我們的文化鼓勵忙碌奔波，向上晉升，而且工作至上（詭異的是，這和另一套同樣受歡迎的，自我照顧才能自我拯救的文化格格不入）。

最初，科技公司用智慧型手機開啟隨時待機的生活，讓我們無論何時何地都能上線，還有免費零食與飲料等公司福利，鼓勵大家留在辦公室。公司也試圖說服員工，這些工作是為了推動公司的偉大願景，不是只為了初次公開發行（Initial Public Offering, IPO）估值。所有的一切都在鼓吹，辦公室外的生活沒有辦公室內來得重要。

這種思維從科技業擴散開來，成為主流工作模式。你不用在新創公司上班，就能對編劇暨插畫家孫瓊妮（Jonny Sun）最近的推文感同身受，「平日和週末最大的區別在於，週末時可以完成更多工作。」

然而，這麼大量的工作究竟是為了什麼？

大部分的人已經不再享有上一代的工作保障，我們沒有逐步調升的薪水、確定可

以待上數十年的職位，或是足以因應退休生活的退休金，我們的財務狀況也比父母在相同年紀時遜色許多。「我們的儲蓄少很多，資產淨值低很多，穩定性也差很多，而學生貸款卻高出非常非常多。」安妮．海倫．彼得森（Anne Helen Petersen）在BuzzFeed發表關於千禧世代感覺過勞的文章中如此寫道。

新冠病毒大流行和隨之而來的失業率爆增，讓經濟前景更加黯淡。二〇二〇年七月，美國有超過一百萬人連續十九週申請失業救濟金，但是數據顯示，年齡較大的白人勞工找到新工作的速度，比年輕人和少數族裔來得快。前財政部官員史提芬．羅特納（Steven Rattner）在MSNBC電視頻道的《早安，喬》（*Morning Joe*）節目上表示：「這次失業潮對不同族群的影響相去甚遠，那些學歷較高、中年，還有坦白來說是白人，遭遇比起其他勞工好上許多。」

許多研究都顯示，**年輕人是經濟衰退最大的受害者，像是剛好在二〇〇八年經濟衰退期間踏入社會，在不到十年內，這一次的新冠肺炎疫情又對目前的三十世代造成經濟重創。**麥肯錫全球研究院（McKinsey Global Institute）分析指出，這個世代「正在經歷第二次『一生一次』的低潮。」

美國勞工曾有更多的社會資源，至少對白人和男性而言。第二次世界大戰結束後，製造業蒸蒸日上，工會勢力強大，因為掌握全美三分之一的勞動力，甚至對非工會領域也有極大的影響力。政府、企業團體、勞方團體三方同意保護工人權益，換取勞工穩定勤奮的付出。

「直到一九八〇年左右，美國的生產力和薪資水準顯著連結，所以一般勞工也能享受全國經濟收益的大部分成果。」耶魯大學政治系教授雅各布・哈克（Jacob Hacker）表示，他也是《美式健忘：政府的戰爭如何導致人民忘記美國強盛根本》（*American Amnesia: How the War on Government Led Us to Forget What Made America Prosper*）一書的作者。在這段期間內，美國政府也建立社會保障制度，像是擴大社會安全保險，通過聯邦醫療保險（Medicare）與聯邦醫療補助（Medicaid）。

到了一九八〇年代，由於美國經濟全球化，加上在羅納德・雷根（Ronald Reagan）總統領導下，政府開始站在資方立場，工會勢力漸漸衰微。雷根鼓勵企業改採以股市表現為重的財務制度，此舉對執行長和股東有利，但對勞工的保護卻逐漸消失。政府也削減原本應該用於發展新社會福利的稅款，像是有薪家庭假或病假，或是全民健保。

一九八〇年代開始的潮流，最後演變成今天的局面，即使不停工作，但工作還是越來越糟，薪資更低、福利更少，而且更沒有保障。新冠病毒肆虐和隨後的經濟震盪，讓情況雪上加霜。彼得森說：「我們忍受欺負員工的公司，因為看不到其他的選擇，我們不會辭職，只是以為自己還不夠努力。」

新冠肺炎危機期間，政府的確快速提出新的勞工保障措施，像是加發失業救濟金和非正職人員失業保險等，但這些都不是正式變革，至少目前還不是，社會政策是否會出現長遠調整仍屬未知。生於一九七〇年代初期的哈克，樂觀認為應該會有所變化，他也指出相較於其他國家，美國勞工的保護稀少，例如沒有有薪休假、全民健保，或是更全方位的失業制度。他說：「新冠肺炎危機帶來我見過的最大根本改變機會，或許我們就是需要一場流行病，才能凸顯美國勞工承受的不公與不安。」

全職父親面對傳統的焦慮與失落

三十六歲的亞當，是住在密西根州大急流城（Grand Rapids）的全職父親，他和妻子及兩個分別是五歲與三歲的女兒，在一年前搬到這裡。大女兒出生時，亞當三十一歲。小女兒出生後，為了照顧女兒，他辭去教外國人英語的工作。三十歲後，亞當大多是在妻子上班時照顧孩子中度過。這不是他以為自己會有的三十歲人生，他並非不快樂，只是「以前我想像自己三十歲後的模樣，想像自己到底會做什麼時，全職父親從未出現在腦海裡。」他說。

但是大女兒出生時，因為妻子的薪資比亞當高，而且她的工作提供醫療保險，亞當卻沒有，兩人研究過日托機構，發現價格不菲，因此亞當辭職照顧小孩是更合理的選擇。

亞當從事小說創作，從十一歲閱讀《魔戒》（*Lord of the Rings*）三部曲後就開始寫作，所以辭職在家也讓他有更多的時間創作。他完成一部小說，卻找不到願意代理的出版社，所以又寫了一本，然後正在尋找出版社代理。

他說：「我的確覺得在從事親職和創作方面有不錯的成就，但也覺得孤立而卑微。照顧幼兒的全職父親是與世隔絕的，整天在孩子身邊打轉，然後和小孩能聊的就只有那麼多，再加上我寫了兩本目前為止沒有人想看的小說。我做的工作很重要，對我也深具意義，但是金錢報酬卻微乎其微，而且除了家人以外，沒有人欣賞我在做的事。」

亞當和妻子就讀位於大急流城的凱文大學（Calvin University），這是一所基督教大學，在這裡，大家都覺得應該在大學找到終身伴侶。

他說：「你可以星期五畢業，然後星期六結婚，但是我覺得二十二歲結婚的想法很可笑。」

亞當覺得自己太年輕，而且不確定人生目標，所以一邊和妻子約會，一邊花費好幾年嘗試不同的生活經驗：他在大急流城當過書店店員，也曾搬到智利，在聖地牙哥和瓦爾帕萊索（Valparaíso）教當地人英文。

在這段期間，亞當完全不擔心自己不具男性氣概，他是白人，從小生長在印第安納州華沙（Warsaw），這個以關節置換產業聞名，約有一萬三千人口，政治風氣保守的城市。美國與全球頂尖整形公司都聚集在此，亞當的某份暑期工作就是擦亮整形關節的大夜班。亞當從小就覺得自己有些格格不入，他有藝術天分，愛聽無人理解的獨立搖滾音樂，但卻不以為意。進入大學後，遇見更多的人，也找到具有共同興趣的朋友。他投票給民主黨、閱讀女性主義書籍，覺得一切如此理所當然。

亞當說：「我常常告訴自己，我不是典型的男性，不是運動高手，也不是一心想在畢業後到父親的保險公司上班。我一直認為自己和典型美國男性形象無關，在某種程度上來說其實也沒錯。但是自從開始全職在家帶小孩，一心一意做奶爸後，卻開始擔心自己不合格。這是一種很奇怪的感覺，因為我從不認為自己應該符合典型美國男性形象，但是現在卻開始把標準套用在自己身上，而且不合格。於是我開始了解，原來自己接受傳統男子氣概定義比所想的更多。」

當工作不再穩定成為人生的必經之路

亞當是很好的育兒者，或許比妻子更好，他可以保持情緒穩定，很少發脾氣，也能忍受長時間和幼兒一起困在房子裡的孤寂，從不抱怨幫孩子準備三明治和果汁罐等繁瑣事務。但在這些日常雜務之外，他懷疑這是身為男性的自己應該做的事嗎？他說：「這是我長久以來無法排解的念頭，它當然不是什麼世界級難題，但是我不斷體會到，自己對於身為男性卻沒有達到男性標準，其實比我以為的還要焦慮。」

焦慮的一大原因，來自男性應該承擔家庭經濟責任的社會定見。亞當很自豪自己為家庭付出的是時間，而不是薪水，但是偶爾財務出現問題時，他就會質疑自己的選擇。

在搬到大急流城前，亞當一家人住在印第安納波利斯（Indianapolis）。他們已經支付一棟有著超大後院的兩房房屋頭期款，但是妻子在零售業的職位被裁撤，沒有了收入，銀行也收回核准的房屋貸款。掙扎幾個月後，這個四口之家搬去和亞當的岳父母同住。

亞當說：「我從未想過會發生這種情況，覺得很丟臉，好像因為沒有通過某種考驗，所以淪落至此。」亞當和妻子都是普通家庭出身，沒有多餘可供揮霍的錢，但是他說：「他們從來不必投靠父母。」

亞當明瞭父母當年的工作穩定許多，現在的情況已經大不相同，有被解僱經驗的朋友越來越多，簡直像是人生必經之路，然後薪資已經有很長一段時間跟不上物價水準。他說：「我知道這些都是事實，但是並未因此覺得比較舒坦，知道這些資訊，完全無法消除必須搬去和岳父母同住的羞恥感。」

他們在岳父母家住了八個月，亞當表示：「真正來說，其實沒有很久，但是帶著兩個幼兒和岳父母同住，會讓你覺得度日如年，這是我們從未想過的人生經驗。」

直到妻子在大急流城找到工作，回到大學母校服務後，亞當一家才搬出來。他們用亞當從祖父那裡繼承的款項，還有妻子在前一份約聘工作中存下的積蓄，湊出一萬五千美元頭期款，買下一棟兩層樓的三房房屋。

如今他們擁有自己的家，妻子有一份全職工作，但生活還是感覺不太穩定，他們並不打算提升經濟地位，只是努力掙扎不要往下落。

亞當表示：「一切似乎只是夠用而已，如果有人必須急診，或是我們必須購買一輛新車，情況就可能生變，讓我們陷入財務困難。我太太喜歡她的工作，但是總有幾天會對工作感覺倦怠，這是很正常的，不過她清楚知道這份收入要養活一家四口，養家的重擔全都落在她身上。」

永無休止的動盪，勤奮工作不再是保障

當你明瞭努力工作並不會帶來夢想未來時，會怎麼樣？

在我三十五歲左右，成功推銷準備已久的書籍提案，寫下第一本書，內容是關於女性友誼的力量。開始寫書時，我還在雅虎工作，經常在腦海裡計算自己還需要完成多少工作，然後想著這有多不可能。每一天，我會列出今天需要完成的訪問數量，還有書籍所需的字數。這些數字越滾越大，因為我常常無法達到自己訂定的目

標。雖然一邊寫作，但我還是不斷質疑自己到底有沒有做對：訊息是否清晰、有沒有精確呈現出所訪問的女性、書寫完畢後會不會有人看。我彷彿在追趕一顆滾得越來越快，距離自己越來越遠的球。

最後，我為了寫書辭去雅虎的工作，當時已經存下足夠的生活費，決定專心在一件事上。作品出版後，獲得許多讀者迴響，至今我仍深懷感激，很多女性告訴我，我的著作完全表達出她們對友誼想說的話。

出版成功後，我計畫再寫一本書，覺得這應該就是自己一直在追求的放鬆期，我可以專心寫書，停止接案和短期工作，好好沉澱。

但完全不是這麼一回事，我花費很長一段時間才找到想寫的題材，我的大腦、帳戶和自信心又開始翻騰。我雖然成功推銷書籍提案，但撰寫這本書不能是唯一的工作。

為了賺取足夠生活費，我需要一邊寫作，一邊盡可能接下其他的案子。而且我自己覺得更糟的是，如果第二本書不像上一本一樣受到歡迎，至今辛苦累積的一切都會化為烏有，有可能回到一事無成的起點。

與此同時，我的共享辦公室結束營業，它隸屬於一家名為Spacious的新創公司，Spacious租下只做晚餐時段的餐廳，然後分租給自由工作者，我們可以在餐桌或吧檯工作到下午五點，第一批客人上門為止。我喜歡Spacious提供的環境，也喜歡身邊環繞著一群缺乏大公司保護或真正辦公空間，卻仍想要全力以赴的人。這是理想的共享辦公室：我們在一起，卻又沒有一起在工作。

提供豪華辦公環境的共享辦公室公司WeWork，宣布初次公開發行後，不久就買下Spacious，結果該公司的初次公開發行卻觸礁了。

原來WeWork的營運計畫和利潤預測，根本就是謊話連篇，很多在WeWork華麗辦公室裡開創事業，打造夢想公司，然後一邊喝著水果加味水的人，根本並未支付WeWork宣稱的費用，因為這些人負擔不起。初次公開發行失敗後，執行長帶著一大筆錢離開，但是員工卻沒有，總共兩千四百人遭到解僱。

WeWork關閉Spacious，於是我又回到在臥室工作的日子，心裡不斷思考著，努力開創夢想事業，然後享受甜美成果的白日夢。

對大多數人來說，這條康莊大道已經消失了，不管你是自營商、任職小公司，或在大企業就業，工作保障早在新冠病毒肆虐前就岌岌可危，不過現在穩定的工作更是可遇不可求，裁員、減薪、縮減工時、職位短缺、暫時解僱等，反而可恨地越來越頻繁出現。

在巨大的不安定性籠罩下，我們的雄心壯志似乎毫無意義，「用錯地方的精力，對成功的幫助就如同慢性焦慮。」瑪麗絲．克萊茲曼（Maris Kreizman）在新冠肺炎爆發幾個月後，在Medium網站上發表一篇文章，講述在眾多產業與生活都感覺搖搖欲墜的情況下，事業企圖心根本無處可放的感受。

她寫道：「當工作消失，然後你一心一意爭取的事物也不存在時，企圖心該何去何從？我的心中仍然有著雄心壯志，但是前方的路遠比之前模糊。」

我也有相同的感受，我喜歡自己做的事，而且對於擁有的機會心存感激。寫作時，我整個人精神抖擻，期許自己創作出讀者能產生共鳴的作品。但是即使如此，我還是有一點被擊敗的感覺，**我不認為自己真能達到之前以為能達到的境界，也就**

是努力奮鬥所帶來的職涯安穩，動盪不可能有停止的一天。

體認現實與理想的落差，做好最壞的打算

尼克工作的餐廳即將結束營業，就在七月四日美國國慶，他發現自己再過一個月就要失業了。他和穆麗兒知道這本來就可能會發生，餐廳老闆似乎失去經營熱情，而且結束餐廳也不需要提前通知，但這個消息還是很突然。國慶日那天，尼克剛好有班，所以寄信給認識的人說：『別烤肉了，來參加尼克的國慶日失業派對吧！』當天晚上沒有任何廚師出席，尼克和朋友們只能吃雞柳與薯條。他說：「我告訴全部的人，我要失業了，其實滿有用的。」

尼克找來所有的朋友，其實還有另一個原因，因為覺得這些人可能幫助他找到下一份工作。穆麗兒和他一致認為，他應該試著應徵編劇工作室或製作公司的初階職位。剛搬來洛杉磯時，尼克不想走上這條路，因為必須坐在辦公室裡，不能專注在

喜劇表演上。

尼克說：「這當然是一種妥協，我在台上講笑話、在網路上張貼內容，製作播客、網路劇，我一直在創作，並且逗人開懷大笑，但還是不足以成為下一個麗娜・丹恩（Lena Dunham）。」

尼克一直參與廣告演出，可是錢不夠多，而且上一次試鏡已經是好幾週之前。雖然兩人很努力地參加電影節，但也發現自己不太認識製作人、導演，或任何有能力幫助他們的人。

改變或許有益，但尼克還是無法完全擺脫失敗感受，他寫信給幾年前協助得到《吉米夜現場》（*Jimmy Kimmel Live!*）編劇面試機會的朋友。尼克當時沒有被錄取，現在他再次出擊，希望能應徵更低階的職位。

尼克說：「基本上就是，嗨！記得我嗎？我現在混得比以前更糟了。這是一個尷尬的處境，我的年紀和阿茲・安薩里（Aziz Ansari）、漢尼伯・布瑞斯（Hannibal Buress）一樣，身邊一堆和我很像，但是已經飛黃騰達的人，我的故事卻完全是兩碼子事。我已經三十五歲了，結果該死，看來我必須從助理開始做起。大家一直勸我，不要因為年紀大而介意，很多人說我是放不下身段。當我看到其他助理時，知道自己也願意加入其中，就只是心裡有點過不去。」

穆麗兒想讓尼克對事業不如預期感到煩惱，也覺得他需要忘記那些幻想。她說：「其實已經有很長一段時間了，我們兩人對這件事的看法完全不同。我知道現實很令人難過，也應該留給他難過的空間，但這也是必須發生的事。**我們已經很久沒有什麼長期目標，到了這個年紀，我真的認為需要改變，不是因為走投無路，我腦海裡浮現的想法是，這條路會帶我們到更好的地方。**」

在得知尼克即將失業前，他們安排一趟義大利西西里島之旅。尼克的家族來自西西里，但是他已經十五年沒回去，穆麗兒則是從未去過。兩人本來打算去年前往，可是「一直拖延，老是覺得我們負擔不起，不該花這些錢。」尼克說。

今年接下一支廣告演出後，手頭有了一點餘錢，他們可以選擇先償還卡債，但是穆麗兒說：「就不負責任這麼一次，我們去義大利吧！」

他們參加一個當地電影節，來合理化這趟旅行，然後尼克的母親寄來一千美元，她說：「去吧！我知道你們很為難。」

「感覺好慷慨。」尼克說。

這是尼克人生中第一次收到父母寄的錢，父親是廢棄物處理業的業務主管，事業越來越成功，過去十年也越賺越多。

雙親並未支付尼克的大學學費，或是在他成年後給予任何生活費，但是「現在他們有錢了。」尼克說。

從西西里回來後，尼克正式進入失業狀態，但是父親對他說：「聽著，我知道你不想一輩子做餐廳的工作，如果你需要我幫忙付房租，如果你需要五千美元，我會寄給你。」

尼克說：「我們還沒拿這筆錢，我不知道最後會不會拿。這是一種很尷尬的感覺，他愛我們，想要支持我們，但是這麼做會讓我心裡有點不舒服，他也是。」

他和穆麗兒針對這件事討論了一陣子，最後決定把尼克父親的饋贈當成備案，如果從西西里回來後，尼克還沒有錄取任何助理職缺，可以暫時不用重回餐廳工作。尼克說：「計畫是在我們做出任何重大決定前，我會先短暫當個富二代，向老爸拿錢，收到這份禮物是很詭異的三十五歲人生經驗，我爸也覺得怪。」

父母金援加深世代之間的不平等

對某些三十世代來說，接受父母的財務援助稀鬆平常。事實上，我想這應該是很普遍但又難以向人啟齒的事，有點像是沒有人會承認自己在淋浴時順便尿尿，但是其實很多人都這麼做一樣。

「承認接受幫助是很困難的。」查克・科林斯（Chuck Collins）表示，他來自奧斯卡梅爾（Oscar Mayer）食品公司家族，同時也是《身為富二代：頂尖人生勝利組對於消滅不平等、創造財富、貢獻全民福祉的看法》（*Born on Third Base: A One Percenter Makes the Case for Tackling Inequality, Bringing Wealth Home, and Committing to the Common Good*）一書的作者。「大量羞恥感和各種動機，都讓人在自傳上省略這件事，好友之間聊到私密的財務話題時或許會提到，但我們每個人都應該是自給自足的個體才合格。」

大致上來說，一份報告預測，嬰兒潮世代最終會轉移約三十兆美元財富給千禧世代的子女，無論是每個月給錢、一次性贈與，或是例如照顧幼兒等本該付費的免費服務都包含在內。根據位於依利諾州布盧明頓（Bloomington）的國家金融財務（Country Financial）這家財務服務公司，在一份二〇一八年的報告指出，二十一至三十七歲美國人中，有超過半數（五三%）都曾在二十一歲以後，接受父母、監護人或家庭成員的經濟援助，其中包括手機費用（四一%）、房租（四〇%）、日常用品及瓦斯（三二%），或健康保險（三二%）。

科林斯說：「我們要明白，其實有很多不太大的跨世代經濟移轉協助，財富轉移不一定是信託基金，有可能是『我們買了一輛新車，你把舊車拿去開吧！我幫你繳交第一年的保險費。』如果我們一分一毫地計算，或許金額甚至不超過一萬美元。但就算是四千或五千美元的微薄援助，也能避免接受者陷入困境，你不會誇張地說這是富二代現象。有些父母手中的確有用不到的多餘資源，還有什麼比拿來幫助孩子更值得呢？」

不是每個人都享有這種優勢，接受這類餽贈的絕大多數是擁有大學學歷的白人，有著薪水不錯的工作和一些積蓄。換句話說，這些人的財務優勢本來就已經大於其他年輕人。

「這個世代極度分歧。」《新千禧世代財富落差》（*The Emerging Millennial Wealth Gap*）作者里德．克雷蒙（Reid Cramer）表示，他也是新美國智庫（New America）的學者，專門研究年輕人的經濟挑戰。「這和之前的世代不同，也導致越來越不平等。你會發現有色人種越來越集中，而他們的財富軌跡和同年齡白人相比低上許多。」

累積財富的主要方法之一是購置房產，但是很多三十世代根本無力存下足夠的頭期款，因為債務增加、薪水停滯、工作也沒有保障。一份近期經濟分析指出，「對四十歲以下的美國人來說，二十一世紀就是超長大衰退。」（而且這份報告是在新冠病毒肆虐前出爐。）

因此，我們的整體財富下滑。這股趨勢不分種族與地位，但千禧世代白人的財富和擁有房地產的比例，仍遠高於黑人和西班牙家庭。

「差距極大。」克雷蒙說。

根據美國聯準會（Federal Reserve）在二〇一六年的最新財富資料顯示，典型千禧世代黑人的平均淨資產約為五千七百美元、千禧世代白人是兩萬六千一百美元，而千禧世代西班牙裔人則是一萬四千六百九十美元。

如果雙親沒有資助大部分的頭期款，我不可能在三十五歲左右，買下紐約那間一房公寓。拿到鑰匙那天，我的內心充滿驕傲，覺得能夠擁有這六百五十平方英尺（約十八．二坪）是人生中莫大成就。當天晚上，我坐在新公寓的硬木地板上，直接開瓶飲用氣泡酒。但是就算慶祝公寓彰顯的意義——我擁有自己的地方，我永遠不想隱瞞獲得父母餽贈的事實。

漢娜．賽林格森（Hannah Seligson）在《紐約時報》寫過，不承認這種財富轉移的危險：「否認會讓人們對成功需要的投入，以及從零開始的人能達成哪種財務里程碑，都產生錯誤認知。」

如果有人知道我買下這間公寓，但並不知道我不是完全靠自己，他們可能會懷疑自己到底哪裡沒做好，為什麼他們存不到足夠的頭期款？是因為自己不夠努力嗎？

並非如此，差別在於：我獲得雙親的財務援助，而且不只是房子，父母也支付大部分的大學學費，還有一張我一直用到三十出頭的信用卡。我想要破除「我擁有的都是自己賺來的」迷思，這似乎是美國社會永遠的預設立場。如果你過得好，代表你值得這一切；如果你過得不好，問題在你的身上。我並沒有比其他人做得更好或更糟，只是獲得了幫助。

科林斯說：「如果大家能坦白說出自己如何成功，或是他們怎麼過或過不了日子，將會是文化大解放。如果我們更誠實，或許能團結起來找到共同解決之道，而不只是個人單打獨鬥。我們的經濟出現系統性變化，這其實不是個人的失敗，但這裡是美國，我們只會責怪自己。」

重新評估追求原先目標的生活是否值得

尼克和穆麗兒參加的電影節，在西西里地區一座小小的火山岩島上舉行，距離本島大約一小時船程。通常穆麗兒會很盡責地參加電影節的每場座談會，但是這個電影節「基本上就是幾個來自巴勒摩（Palermo）的傢伙，在討論《發條橘子》（*A Clockwork Orange*）。」她說：「我們在度假，我可不想花三小時聽這些人討論電影。」於是兩人每天都去浮潛，然後每晚跑到露天舞池，在星空下跳舞，有時甚至還會看到流星雨。電影節結束後，他們去了尼克家族的故鄉——卡薩爾韋基奧西庫洛（Casalvecchio Siculo），他們去的地方位於山頂，甚至在地圖上沒有標示。這裡徹底脫離穆麗兒理解的任何現實範疇；他們爬上一座破敗的墓園，周圍是古老廢棄建築物。兩人不斷閃躲因為墓園失火，從天而降的灰燼。當他們被鎖在Airbnb門外，似乎所有村民都在尼克遠房表哥的帶領下一起幫忙。「那裡是最奇妙的童話世界。」穆麗兒說。

回到洛杉磯並不容易。尼克知道自己可能會失業，所以一邊到處面試片場和製作公司的工作機會，但兩人都重新評估在洛杉磯的生活，想弄清楚是否還願意為了追求喜劇事業而做出犧牲。「這個現實的警訊是，如果我已經三十六歲，對於這種完全感受不到在西西里時心情的日子還能撐多久？」穆麗兒說：「有些人有真正的休息時間、建立家庭、度假，而我們都沒有。這就像總是在說，哦！我一點都不在乎。但在西西里的感受，就是那種生活的感受嗎？妳感覺到自由與光明了嗎？」

尼克面試一家製作公司的助理職缺，他熱愛這家公司，因為作品包括他最愛的一個節目。製作人向尼克強調，他要找想努力往上爬的人；公司有位導演就是助理出身。

「我根本就是垂涎三尺。」尼克說。他把面試當成單口喜劇演出，試著真誠中帶著脆弱，並且和觀眾建立連結。當製作人問道：「你覺得五年後的自己會在哪裡？」尼克回答：「坦白說，我現在真的不確定。」

尼克覺得面試很成功，而且製作人很欣賞他的誠實。

在等待面試回音的期間，尼克接下更多單口喜劇表演，一週表演四至五次，通常是早上十一點開始的暖場。尼克說：「你就是在用笑話幫另一個喜劇演員暖場，對我絕對很有幫助，但也非常痛苦，部分原因在於不知道自己到底在幹嘛？單口喜劇能帶給我當下的快樂。笑話本來就是我藏在口袋的祕密武器。無論何時何地，我都能找出自己有興趣的題材。雖然單口喜劇無法帶來保障收入，但是我樂在其中。」

尼克正在嘗試讓內容更貼近日常對話，談到他當下經歷的事，然後又能繞回到原本安排好的笑點。其中一個哏是關於他忌妒那些事業遠遠超前的友人，「就是經典的挖苦哏。」他說。

開場白是：「大家都說洛杉磯沒有四季。我在西雅圖長大，我懂。」

尼客繼續說：「其實洛杉磯有四季，天氣還是很炎熱，不過和我同時開始闖蕩喜劇圈的朋友中，又有兩個提名艾美獎、三個被SNL網羅時，樹葉就開始凋零了。」

然後，重頭戲來了：「你還記得那個因為歧視亞洲人的笑話，然後馬上被開除的傢伙嗎？我的第一個念頭是，拜託老天，讓他是我的朋友吧！」

「在我很真實時，表演單口喜劇會全身舒暢。」尼克說：「一般來說，只要做出真實的模樣就會很有幫助。你知道慘事也可以發揮正面力量，因為可以把它們變成笑料。我不認為自己是那種喜歡在台上公開驅逐內心邪惡的類型，我並不認同這種事，但是講到悲慘負面的事，的確讓我覺得自己更有活力與力量。」

上一代眼中的夢幻生活，早已不再夢幻

尼克的失業金很快就用完了，他知道父親會提供房租租金，但卻不想拿，一是因為這會讓他和父親都覺得彆扭；二是父親以為尼克只需要一個月，就能找到助理工作。「他覺得資助一個月，直到你找到喜歡的工作為止，這是很棒的禮物，但是我越來越清楚，要在這個產業找到喜歡的工作得花費更多時間。」尼克說：「支持我一個月，雖然非常大方，但是沒什麼用。」

尼克的雙親也曾是藝術家，當時他們住在紐約市。父親是爵士樂手，母親則是演員，兩人完全可以藉由演出維生。父親的演奏費是一場五十美元，足以支付破舊公

寓的租金。到了三十歲，尼克出生了，於是舉家搬到西雅圖，父親找了一份文職工作，母親則在家裡照顧尼克。最後，兩人買下一棟房子，又生了兩個小孩。

父親看著尼克的生活，由衷懷念過去當爵士樂手的日子，他不斷告訴尼克：「你過著夢幻的生活。」在他看來，尼克和穆麗兒沒有什麼煩惱：他們在做喜歡的事，和朋友往來，沒有子女。「但是我的父母沒看到，我們根本不敢使用醫療保險，因為太昂貴了。」尼克說：「公寓租金不再便宜，靠表演維生再也不是一件容易的事，以前的生活品質已經下滑許多。」

尼克試著告訴父親，這種生活一點也不夢幻。「我們不滿意自己的事業發展、處境和能力，想要繼續向上。」他說。

尼克的父親不當一回事，「沒有這回事，你過著夢幻的生活。」

那場尼克覺得表現優異的面試始終沒有下文，雖然他後續寄了幾封郵件給對方。「我沒有收到任何回音。」他說。從此以後，尼克每週都應徵至少五至十個工作，但是至今仍然沒有面試機會，他覺得自己被看輕了。現在他和穆麗兒試著釐清下一步該怎麼走，或許他應該停止尋找助理工作？或許他應該重新回到餐廳？或許他應該瘋狂地參加廣告試鏡？或許他和穆麗兒應該寫另一部網路劇？該怎麼在不拖累生活的情況下，繼續追求心愛的事業？他說：「這就像賭博，如果贏了，報酬豐厚，但現在的籌碼是真正的生活。這就是我過的日子，這就是我的人生。」

不符社會和自我期待的煎熬

十二月正值隆冬的大急流城，亞當必須和無處不在的大雪和病痛對抗，他和家人都感冒了，但是「我想自己的身體知道不能生大病，我必須保持家裡的運作，不能整天躺在床上。」他說。

平日早晨，亞當會幫兩個女兒穿好衣服，準備大女兒的午餐。接著三個人一起上車，送大女兒到幼兒園。最近大女兒不喜歡一個人被留下來。他說：「我並不吃驚，她一直是個敏感的孩子。這只不過表示在出門時，我必須先處理好滿臉淚痕，抓著我大腿不放的大女兒。」

接下來一整天，亞當就會和小女兒待在家裡：看卡通《探險活寶》（*Adventure Time*）、啃掉花生醬三明治的吐司邊、裝飾燕麥餅乾，還有在需要時幫忙尋找小女兒的泰迪熊、蜜糖熊（Sugar Bear）。小女兒的個性倔強，因此兩人常常惹惱對方。他說：「她的壞脾氣無處可去，最後也只能發作在我身上，但是我覺得這些都還好，唯一需要每天搏鬥的就只有大雪。」

亞當把自己在家裡扮演的角色，比喻成電玩《太空戰士》（*Final Fantasy*）的前線隊員；在這款角色扮演遊戲裡，戰鬥隊伍的每個成員必須輪流承受來自怪獸的攻擊，其他隊員才能「施咒、攻擊或做其他事情。」他說。亞當面對的怪獸是家事庶務，他永遠是站在前面的那個：處理孩子發脾氣、髒亂、煮不完的飯，還有打掃，這樣「我太太才有時間和空間去收集金幣，從某個角度來說，這樣並不公平，因為我做的家務比太太還多，但這是我們都同意的家庭運作和生活方式。」他說。

不過，最近這些攻擊開始影響亞當，他的脾氣變得比平常暴躁，可能是因為再過幾週就要滿三十七歲，這表示他正式邁入三字頭後段班。他說：「感覺像是要四十歲了，而四十歲感覺上是人生發展的重要里程碑，是一個你可以清楚標記做了什麼和沒做什麼的時間點。我一直以為，當全職爸爸和作家的人生，比起坐辦公室沒有那麼符合社會期待這件事，不會造成太大的問題，但事實上我還是很在意那些傳統標準，我不像自己以為的那麼特別。」七月，亞當參加妻子娘家的年度聚會時，很介意自己和其他在場男性相比，可以談論的主題較少。

亞當把正在尋找出版社代理的小說，投稿到一家文學雜誌社舉辦的比賽，希望能獲得青睞，但是最後並未得獎，這個挫敗像是要他別再想著出版小說的最後提醒。「想辦法出版作品的過程讓人沮喪，我擔心自己並不擅長。」他說：「我對整個過程都很陌生，我以為這本書更具商業魅力，也就是說回到剛剛所講的感覺不擅長，當我想找出商業魅力的配方時，卻發現根本不知道讀者想要什麼。」

亞當開始撰寫新書，但是著手寫書的同時，也體認到小時候夢想當作家時根本沒想過的一點：如果他真的成為出書作家，應該也是四十歲以後的事了。他說：「這不是我對自己的想像，我永遠不會是年輕新星作家，但那是我年少的夢想。我以為年輕時，夢想就會實現，現在開始懷疑自己是不是應該讓這個夢想，永遠留在童年或青春期。」

年關將近，亞當仍在心裡不斷調整想像中的事業發展軌跡，但是最近有一個小小的好消息：大女兒在他離開幼兒園時又恢復了冷靜。他說：「我知道她會回復正常的，只是需要一些時間。」有時候大女兒要亞當陪她走到教室，有時候她想在人行道就道別，但不管是哪一種情況，兩人道別的儀式都一樣：擊掌、擊拳、擁抱，還有一個親吻，然後重複一次。

亞當的父母與岳父母也來訪，欣賞大女兒在學校假日慶典上的表演，一切順利。某天晚上，所有家人聚集在餐桌旁吃晚餐時，大家稱讚亞當對家裡做出的改變，像是鋪上新廚房地板。亞當的心裡很清楚，房子其實還有點亂，而且剛搬來的箱子也還沒拆完，但是「那一刻很美好，那一刻的感覺是，父母認可我們生活得很不錯。我們有一棟房子，太太有一份高尚的工作，然後我可以照顧家裡。我總是有許多的擔憂，像是『這些都還沒有做到』或是『我還得做到這些事』，不過我的確做了一些正確的事。最近我常常陷入緊張或焦慮，這些是我很熟悉的情緒，但是滿足感、自尊或得意的感覺卻很少出現。」他說。

計畫趕不上變化，世事不會永遠安穩

一月底，亞當生日當天，下午由妻子照顧兩個女兒，讓亞當獨自去看電影。他看了《印第安那的蒙羅維亞》（*Monrovia, Indiana*），這是一部關於小鎮生活的紀錄片。「能夠長時間專注在某件事上真是開心。」他說。平日下午，小女兒每隔五分鐘就會來找他要東西，通常是零食。

亞當三十歲以後的日子，大部分都在擔任全職爸爸，卻不認為父親是他自我認同中的主要成分。他說：「最重要的還是我和孩子及太太的相處，操持家務的部分。」不過前幾天，他和另一位家長談到為女兒們安排玩耍聚會時，意識到自己變老，孩子其實也長大了，「心裡那股為人父親的感覺，突然從家庭延伸到外面的世界。」

亞當動筆撰寫另一部小說，因為明白無論有沒有讀者，對他來說寫作都是很重要的一部分。「如果沒有專心思考一個大計畫，我就會開始胡思亂想，冒出讓我焦慮、緊張的念頭。」他說：「對我來說，有太多思考空間並不是一件好事。」

因此亞當開始發行名為《遙遠之地》（*Very Distant Lands*）的電子週報，談論父親角色與流行文化。

第二期週報中，亞當寫到影集《絕命毒師》（*Breaking Bad*），主角華特・懷特（Walter White）是老師和父親，後來變身為毒販。亞當描寫到其中一幕，懷特給寶寶看藏在車庫裡的大筆現金，「我是為了你才這麼做的。」他對寶寶說。

亞當曾經以為他的小說會像懷特的毒品一樣⋯⋯為家裡帶來更多錢，但是至今尚未做到。在電子週報裡，他說這樣或許也沒關係：

我還是覺得，看著我在筆電上寫作會對孩子有幫助，曾經有人告訴我，小孩目睹父母投入藝術創作是很珍貴的經驗，因為當中體現人類在追求熱愛事物時，所能付出的耐力與專注力。

亞當一直在想，等明年兩個女兒都上學後，白天家裡只剩下自己，「感覺簡直不可思議。」他說。他可能會找一個兼職工作，像是朋友任職的那家雜貨店，然後晚上繼續寫小說，這麼做能讓他踏出家門，並且增加家庭收入。況且兼職工作和寫作不同，會帶來立即的成就感；他只要準時上班、做事，然後回家。

然後某天晚上，兩個女兒都入睡後，妻子表示想和亞當談談。她開門見山地說：「我在想我們應該試著迎接第三個寶寶，你覺得呢？」

亞當也在思考這件事，但是從未說出口。妻子的提議感覺上會破壞目前舒適、相對安定的生活步調。他說：「不過在她開口的那一刻，我覺得：我準備好了，當下那一刻我就準備好了。」這表示亞當會忙著照顧新生兒，不能去找兼職工作了，但是「我願意，甚至是滿心歡欣地接受。」他說：「我已經準備好迎接那些睡眠不足的夜晚，和寶寶兩歲以前的瘋狂生活。」

對亞當來說，三個孩子恰恰好，時機也適合。屆時妻子上班，兩個女兒在學校，他則和寶寶待在家裡，這是一個好計畫。

這在當時是一個好計畫，不過在他們準備好懷上第三個寶寶時，妻子任職的大學宣布，由於招生人數不如預期，必須裁撤一些職位，可能包括她的職務。最後的裁撤名單要到五月才會公布，還有四個月。

亞當說：「我們毫無頭緒，當初我們為此遷居，還買房定居的工作可能會不見。」

兩人目前先擱置三寶計畫，因為不確定幾個月後會是哪一種醫療保險，甚至不知道還有沒有醫療保險。亞當的妻子和同事們現在都已經把辦公桌上的東西放到紙箱裡，收到離職通知就能迅速收拾離開。正當亞當覺得生活逐漸步上軌道時，一切又被打亂了。

他說：「我們以為終於可以停下來喘口氣，或許最後會維持原狀，我們還是能繼續走在原本以為的道路上，但是也可能不會，這提醒我們，世事不會永遠這麼安穩。」

第五章

撫育下一代

「不生小孩，老了一定會後悔！」

生育，為了延續自己的基因，年長之後有人照應，更是我們之所以存在這個世界上的原因——然而，隨著社會的動盪越來越不一，擁有下一代，難道才是人生勝利組嗎？我們真的能帶給下一代幸福的生活嗎？

很多人告訴我，生命自有出路，我必須停止規劃。

——艾碧嘉兒

穆麗兒有個大她一歲的單身友人，希望有朝一日可以生孩子。她去看醫生，討論自己的生育能力，醫生告知最好的做法是趕快凍卵。穆麗兒說：「我們兩個都有點吃驚，因為我們同年，我以為自己還有幾年的生育能力，沒想到卵子已經在老化了。」

穆麗兒還沒決定想不想生小孩，舉棋不定讓她很有罪惡感，母親生下她時才二十四歲。穆麗兒說：「我現在比她生我時大了十二歲，卻還不知道想不想生。」不僅如此，身為畫家的母親在生下穆麗兒後，又生了三個小孩。穆麗兒說：「我媽超愛生。」

穆麗兒的母親都是在家生產，助產士會替她拍照留念，但是隨著時間過去，有些生產的照片和她的畫作混在一起了。穆麗兒說：「所以有時候翻閱畫作翻到一半，突然就會出現一張我的頭從產道露出來的照片，超嚇人。」

穆麗兒有些朋友確定想生小孩，也有些朋友確定不想生，卻從來沒有和像她一樣不確定的人聊過。沒有和別人討論這件事，讓她對自己沒有確定的答案感到焦慮。她說：「我覺得自己似乎有什麼問題，好像我很糟糕，就像是：**妳是小朋友嗎？不知道自己想不想生小孩？都這把年紀了，怎麼會不知道？**」**因為對自己的不確定有罪惡感，她覺得這表示自己不該有孩子。如果到現在，她都還不知道自己想不想生，就不值得有小孩，也當不了好媽媽。**

她和尼克一直討論這件事。

穆麗兒告訴他：「我不知道自己想要什麼，你想要什麼？你想生小孩嗎？」

尼克說：「是啊！我們一起生個小孩吧！」

穆麗兒說：「但是那種熱忱感覺意圖不夠明確，不是很堅定。」

尼克建議穆麗兒，從三十六歲生日開始停止服用避孕藥，也就是一週後。她提出反駁，希望等到隔年，兩人分別是三十七歲和三十八歲時再開始，但她知道自己只是因為還不確定想要什麼，所以打算拖延時間。她說：「我們沒有真的在計畫，假如我們不是很有熱忱，就不會為了小孩改變自己的生活。當我想要讓某件事發生時，會很明確地執行，但現在比較像是：我喜歡我的公寓，所以不要搬到柏本克（Burbank）。」

尼克較為肯定有一天會想有小孩，卻覺得自己的成就不夠，還無法當個快樂的父親。他也不是收入不夠多，有那間一房公寓和那輛車，絕對可以好好養小孩。他說：「一切都很正常，我們只是會因為孩子而變得更窮罷了。」可是，他不希望在職涯未定時生養孩子。然而，有時候他希望和穆麗兒在二十歲就乾脆生下小孩。他說：「這樣一來，他們在這時候已經長成青少年了。**在思考生小孩這件事時，我的年紀感覺並非隨心所欲，更覺得自己是身體正在努力應付時間的人類。**」

無法提高的生育率已成趨勢

根據美國疾病管制與預防中心（Centers for Disease Control and Prevention）的一

份報告指出，美國二〇一九年生育率連續下滑五年，達到三十五年新低。這表示，假如生育率維持著不高不低的狀態，就會有近六百萬名新生兒存在，但事實上他們並未出生。

這個趨勢讓人口學家大為吃驚，因為他們原本以為，這些新生兒只是因為二〇〇八年經濟大衰退而晚一點出生，等到經濟復甦後，生育率就會再次提高，如同一九二〇年代和一九三〇年代經濟大蕭條後出現的嬰兒潮現象。他們認為，事業與婚姻被迫暫緩的年輕人，屆時就會開始生小孩。

新罕布夏大學（University of New Hampshire）人口學家肯尼斯．M．強森（Kenneth M. Johnson）說：「每年我都相信生育率會提高，結果卻都下降。我開始懷疑，這些誕生事件有很大的比例將不會發生，或許這根本不是單純受到延遲。」

人口學家表示，新冠肺炎疫情期間的居家令，也不會讓生育率激增，即使伴侶一起待在家中。暴風雪或大停電這類災難後會出現嬰兒潮，只是一個迷思；疫情更有可能延遲或打消人們生子的念頭。強森表示：「我真的不認為人們會想說：『哦，讓我們在這個國家百年來最嚴重的傳染病期間生個孩子吧！』」

亞當的妻子後來非但沒有被辭退，疫情期間反而在任職大學裡扮演更重要的角色，因為向大眾傳遞學校如何因應疫情的相關資訊，正是她的職責。亞當說：「感覺有點奇怪，因為她的工作從來不曾如此安穩。」

然而，隨著妻子的工時增加，工作地點變成兩人的臥室，亞當在家中的其他地方照顧孩子，兩人的壓力都變大，比以往更少見到對方，自然也沒有想要再生一個小孩的情緒。

亞當說：「我們都很累，我太太真的很拚命工作，因為工作量比平常多上許多，我則是努力給孩子們找事做。雖然大人、小孩都不常發生崩潰事件，但壓力還是很大。當別人和我提到疫情帶來嬰兒潮時，我都心想：『你在開玩笑嗎？』」

當預想的未來沒有到來時做好備案

三十四歲，住在納什維爾（Nashville）的艾碧嘉兒，第一次向婦產科醫生詢問凍卵的事是在八年前，也就是二十六歲時。她說：「我從小就認為自己有天會組織家庭，滿懷期待會有丈夫和幾個孩子。」因此當她二十六歲依然單身無子時，便開始打聽凍卵的事。醫生笑了笑，要她再等等，他說：「等妳三十四歲再來煩惱這件事吧！」

艾碧嘉兒心想：「太好了，等我三十四歲就不會是這種處境了。」到那時，她早已開始實現心中那個有丈夫和小孩的未來。

但是到目前為止，三十幾歲的她只有幾段維持數個月的戀情，正如她所說的：「沒有任何超級重大或值得關注的感情。」

艾碧嘉兒的職涯進展比任何一段戀情都快，她如今在可口可樂（Coca-Cola）擔任全國客戶經理，負責監管產品在達樂（Dollar General）連鎖雜貨店的陳列方式。她說：「我把重心放在工作上，卻不會說這是我還沒有結婚的原因。我想別人聽到我的職業、知道我為哪家公司工作時，大概會假設我是強勢的職場女性，還會認定那就是我要的。事實上，職業生活少一點，私生活豐富一點，我也會很滿足。」

然而，隨著年紀增長，約會變得更讓艾碧嘉兒感到焦慮，彷彿如果不確定對方是可以和她一起建立家庭的人，就無法浪費幾個月交往。她說：「每個人都對我說，我快要沒時間了，我似乎再也不能單純享受一段戀情，而是有任務在身，可是我不可能初次約會就問：『嘿，你適不適合結婚？』」

因此，一到三十四歲這個過去八年來深植在腦海裡的年紀，艾碧嘉兒就回去找醫生，準備凍卵。

這樣一來，她可以繼續約會，不用在兩人喝下第一杯紅酒時，還想著眼前這個男人會不會是一個好爸爸。

這也讓艾碧嘉兒有空間可以考慮一個新的想法：最近，她開始認為自己或許會想在遇見未來的配偶前，先生下小孩。

在了解凍卵的同時，艾碧嘉兒考慮使用捐贈精子進行人工受孕，但是她說，最後「我沒有準備好做那件事。有時比起當妻子，我真的更想當媽媽，但不確定我一直會這麼想。生養小孩很累，有人可以一起分擔會比較好，更重要的是，有人可以一起分享特殊時刻的感覺很棒。」

艾碧嘉兒在納什維爾長大，說話帶有南方口音。她的家人仍住在當地，她在那裡也有很多朋友，但是她認識的人沒有一個凍過卵。艾碧嘉兒說：「住在南方就是這樣，這裡的人從來不談這種事。」她和一些朋友說要凍卵，他們雖然很支持，卻無法理解。她說：「我的朋友有九八%不是已婚有小孩，就是有小孩但離婚了。」

最近，艾碧嘉兒參加一場派對，認識的人不多，每個人都問她，她的小孩是不是和主辦人的小孩上同一所學校，她必須不斷重複自己沒有小孩。她說：「沒什麼大不了的，但這就是圍繞在我身邊的事，我生活在那樣的世界。」

艾碧嘉兒以為完成凍卵的整個流程也不會有事，就像她做其他任何事情一樣。她說：「我想，我是這麼想的：怎麼會有事呢？我一向都是自己看醫生。」

艾碧嘉兒是很有紀律的人，喜歡掌握一切。她一週有四天會去上清晨六點的有氧舉重健身課程（並且在晚上九點半就寢，上課才不會累）。週末時，她也有同一堂課，不過是在早上九點。她說：「我不是徹底的受虐狂。」

第一次到受孕診所看診時，她比自己預期的還要緊張。她說：「我們有時會花很多時間擔心自己會意外懷孕，現在卻要走進妳可能被告知不孕的診間。」

血液檢查和超音波顯示，艾碧嘉兒應該有不少卵子可以冷凍，讓她頓時鬆了一口氣。保險會支付部分費用，但她仍需負擔大約五千五百美元。聖誕節一結束，她就會開始注射荷爾蒙刺激卵巢（目的是讓卵巢一個月排出多顆卵子，不像平常那樣只排一顆）。她會向公司請假，但是並不覺得自己即將經歷的事有什麼大不了的。她說：「『嬌妻』（The Real Housewives）系列節目裡，那些看起來就像十足笨蛋的女人都會做這件事了。」

上概論課時，艾碧嘉兒學到如何自行注射，讓她第一次發覺凍卵在準備和情感方面，可能比她想的還要複雜。她說：「因為我的狀況和大多數人不一樣，不是夫妻一起來，而是一對一進行，聽他們教我怎麼注射，然後我才明白：哦，要注射二十三次啊！那些嬌妻和我一樣要自己注射二十三次。」

年齡帶來的生子壓力

有很長一段時間，我不確定自己想不想要小孩，也不急著找答案。關於這個決定，我想了很多，但都不是很具體。三十幾歲時，我開始計算自己的年齡，還有可以等多久再嘗試懷孕。我是這麼計算的：如果一年後懷孕，寶寶出生時，我就是三十八歲；如果兩年後懷孕，我就是三十九歲。我讀到很多文章，都說女性的生育能力在三十五歲後會下降，但這些資訊不是讓我很擔心，因為我也讀到一樣多的文章表示，那些數據是嚇唬人的，而且我認識不少在三十五歲後才生小孩的女性。

越來越接近四十歲時，我開始緊張了，那些說生育能力在四十歲後就會驟降的文章，讓我備感壓力。我試著告訴自己，每個女人都不同，我在二十幾歲說不定也無法懷孕，而且想要小孩還有其他方式。不過，我也終於想要針對試著懷孕這件事做出實際行動，不再只是口頭說說、腦海中無止盡地計算。

在我可以為人生做出的所有打算裡，要不要有小孩是最掙扎的決定。我認為這是

唯一無法反悔的決定，如果發現選錯了，無論是工作、交往對象、居住地點，甚至是配偶等，全都可以重來，但小孩永遠都是我的，要怎麼確定自己想撫養一個人呢？

隨著年紀越來越大，越來越接近認為自己再也無法懷孕的歲數，我決定接受自己的不確定心理。就算對於生小孩仍有一些恐懼和不確定感，我還是想做這件事。**我不是因為自己應該做這件事，或是因為這件事可以讓我變成大人才做的，而是因為想擁有這樣的經歷，想為自己的人生做出這樣的打算。**

我一向都對自己說，我可以接受當一個單親媽媽。我懂得打理自己的生活，所以應該也能自己做這件事。然而求婚失敗後，單身並認真考慮獨力撫養小孩的我，在失眠一陣子後才明白，我不想這樣，我想和伴侶一起生孩子。

我向一家凍卵診所預約諮詢，我花費很大一部分的人生告訴自己，不曉得能否懷孕，這是無論做了多少次生育能力檢測都無法肯定的。但是同時我也一直逃避現在做的這件事：採取實際行動讓懷孕這個想法變得更真實。我越是讓這個目標保持未成形的狀態，就越容易繼續把生子當作一件某天可能會發生，但還不是現在的事。

在診間裡，我抽了血，也看到卵巢的模樣，後者真的讓我很震驚，因為這麼久以來，子宮裡發生的一切就像是一個謎。我先前一直在逃避，不好好認識自己的身體，或弄懂該怎麼懷孕，現在我的身心都朝著生小孩這件事邁進。

結果是我很適合凍卵，於是預約進行流程。不過想得越久，我就越不想等，我不想在凍卵後，一邊開始約會，一邊期盼能找到想和對方一起生小孩的人，這樣就可以把卵子拿出來使用。

我早已明白想和誰一起生小孩，我不曾停止思念前男友，對他的感覺還是和求婚那晚一樣，而那天晚上，我們聊了很多關於生小孩的事，他也想盡快有孩子。

我們一直透過簡訊和電子郵件保持聯繫，知道在我求婚後，他的生活發生了一些變化，他現在單身，先前被解僱了；我也知道他不喜歡現在居住的城市，正在尋找全國各地的新工作。

所以我想，他也許會想來紐約，也許現在更願意考慮復合，和我同居，但是如果他對生小孩沒興趣，我就不想和他在一起。

我決定打電話給他，告知打算凍卵的決定，希望他會阻止我。

重新拿回生育主導權

大約兩週的時間，艾碧嘉兒每晚都會在肚子上扎幾針，並且在大多數的早上前往受孕診所，讓醫生藉由抽血檢查和超音波，監測她的身體對藥物的反應。荷爾蒙讓她嗜睡、腫脹，也不准運動或飲酒。她說：「當時剛好在新年前後，所以在社交方面都必須三思。」

那些知道艾碧嘉兒在做什麼的朋友，會基於好奇心詢問問題，但是她身邊沒有人能理解整個過程帶來的心理影響。早上去受孕診所時，看到的都是一對對夫妻，讓她備感孤單。她說：「當時在我的心裡，他們全都是最完美的夫妻、最懂得支持對方的個體。我知道外國的月亮不一定比較圓，但是當妳一個人坐在那裡，等待九天內的第六次陰道超音波檢查時，總會想著：要是能得到一點支持一定很好。」

艾碧嘉兒後悔沒有請朋友陪同看診，雖然她知道他們會願意這麼做。她告訴父母和兩個兄弟正在進行凍卵，其中一部分的原因是，他們在過節期間到她家拜訪時，一定會看到數十支針筒。她說：「我家看起來就像養老院。」不過，她也想給家人預警：這是她獨力生養小孩的第一步。

雖然艾碧嘉兒和家人都是天主教徒，而教會一定想要她先結婚再生小孩，但她還是希望家人可以表達支持。

艾碧嘉兒認為母親會理解，確實也是如此，雖然母親也建議，與其凍卵，使用捐贈的精子，艾碧嘉兒可以試著透過一夜情懷孕。當時她比較擔心父親的反應，但是父親卻告訴她，無論她決定自己撫養小孩或是再等一等，他都願意為她做任何事。

預定取出卵子的前一天，艾碧嘉兒的荷爾蒙指數下降了。荷爾蒙指數不該下降，而是要穩定或持續上升。她很擔心手術不成功，因此那晚睡不好，心裡想著：「我一定是哪裡做錯了，這麼多錢白花了，他們一定什麼也做不了，我得重新開始了。」這次她把所有事情安排在節日前後，好讓每天看醫生這件事和自己低落的心情，在工作上不會這麼明顯，她不知道自己什麼時候才有辦法再完成整個過程。

隔天早上，母親開車載艾碧嘉兒前往診所，她在路上對母親很不耐煩。但是到了診所後，護士讓她的心情變得較為平靜，醫生也是，告訴她這時候無法做任何事，就只能動手術，看看最後會有什麼結果。艾碧嘉兒說：「在一般情況下，這種話可能會讓我很不高興，但是那天早上，那正是我需要聽見的。」

最後一切都沒問題，艾碧嘉兒冷凍三十六顆卵子。她說：「我可能永遠用不到它們、可能會和伴侶一起使用，也有可能用它們來獨力生育孩子，這些都是我能接受的選項。」

艾碧嘉兒唯一不能接受的，就是不生小孩，而卵子庫存讓她更確信，自己無論選擇哪一種方式，有一天一定能生下孩子。她說：「取卵那天離開診所後，我告訴母親，我覺得肩上終於不再扛著全世界的重量了。」

成為父母後的兩極待遇

根據二〇一九年的資料指出，十幾歲和二十出頭的女性生育率下降最多。三十出頭的女性現在比二十出頭的女性生得還多，而三十多歲與四十出頭的女性，則是唯一兩組生育率上升的年齡層。

女性並未表示想要少生一點（至少在民調裡看起來是這樣）。強森說：「她們大部分都說自己想生兩個小孩，心裡的期許好像和以往一樣。針對女性想要生幾個小孩這件事，數據上並未出現急遽下滑。」

然而，嬰兒出生數量減少是無庸置疑的，這樣的趨勢極有可能反映美國的社會變遷，也就是女性單身的時間變長，同時把工作及個人與經濟方面的獨立，看得比生小孩還要重要。美國生育率下降的現象，也反映歐洲、日本與南韓的生育模式，這些國家的經濟實力強大，兒童死亡率降低、避孕管道增加，女性也有更多機會接受教育，在家庭以外的職場工作。

在美國，異性戀夫妻通常具有差不多的教育和工作背景，因此兩人的收入也相當，雖然男方還是賺得稍多，但是平均而言，女性生下第一個孩子後，收入就會立刻大幅下降。

美國人口普查局在二〇一七年十一月進行的研究發現，配偶之間的薪資差距在兩人開始有了小孩後增加一倍，這完全是基於女性薪資減少的緣故。研究發現，女性當媽後，賺的錢平均比丈夫少了兩萬五千一百美元，而且所得水準永遠無法完全恢復，相較之下，男性的薪資在成為父親後仍持續上升。

然而這項研究也發現一個例外：女性生第一個孩子的時機點很重要。假如第一個孩子是在二十五至三十五歲間這段職涯黃金時期誕生的，她們的薪資永遠無法回到生產前的水準，但如果是在二十五歲前或三十五歲後生產，最終就能縮短與丈夫的薪資差距。

克萊兒．凱恩．米勒（Claire Cain Miller）在《紐約時報》上，針對這項研究撰寫一篇文章。「基本上，問題就在時間。孩子需要占用我們很多的時間，特別是在他們開始上學前。與父親相比，母親花在照顧小孩和其他相關義務的時間多到不成比例。這對那些正在展開職涯的女性來說似乎問題特別大，因為她們在這時候可能最需要拚命工作和證明自己。相較之下，這個問題對已經有一些資歷，或尚未開始展開職涯的女性就不那麼嚴重。」

在一九七〇年代，美國的生育率也曾下降。那時候有很多女性都開始念大學，也有可靠的節育管道，並且開始會大方討論掌控自己身體的議題。在《一家子》（*All in the Family*）這個描寫主角邦克一家，高達四千萬人收看的電視節目中，阿爾奇・邦克（Archie Bunker）和伊迪絲・邦克（Edith Bunker）唯一的小孩葛洛莉雅，在一九七四年的其中一集裡說道：「媽，我認為女性的首要身分是人，其次或許才是母親，我不需要靠生小孩來感覺自己很有用！」

二〇一九年，美國歌手泰勒絲（Taylor Swift）也發表和葛洛莉雅的話有異曲同工之妙的言論。在針對某個德國出版品進行的訪談中，她拒絕回答是否會因為即將年滿三十歲而考慮生小孩的問題。她說：「我真的不認為男人快三十歲時會被問到這個問題，所以我現在不會回答。」

之後，泰勒絲向《時人》雜誌解釋：「可以說：『嘿，我怕你不知道，但我們其實不只是孵蛋器。』這樣是很好的，你不需要因為某人是二十多歲的女性就問那個問題。」

強森表示：「對我來說，女性做出最根本的決定之一（當然男性也是），就是要不要生小孩的決定，很難想到還有什麼比這更根本的，這是觀察人口統計指標會如此有趣的原因之一。如果你想看看社會發生社會變遷的徵兆，就去觀察生育率。」

事情總在尚未準備好時到來

平安夜那天早上，雅辛的妻子梅蘭妮神情古怪地從浴室走出來。

雅辛問：「怎麼了？」

她說：「沒什麼，我沒事。」

梅蘭妮想等到新年前夕再告知懷孕的事，因為那天是她和尼克認識四週年紀念日，但是那天下午開著租來的車，要前往康乃狄克州和她的家人一起過節的途中，她說：「我早上驗孕了。」

雅辛立刻哭了，他說：「她都還沒跟我說她懷孕，我從來不曾像那樣克制不住自己的情感，流下開心的淚水。」他仍然覺得自己尚未準備好當爸爸，他的公司還沒有獲得努力得到的財務成就，但是就像他所做的其他決定，即使心裡其實覺得不確定，表面上還是一副對自己的選擇很有自信的模樣。現在梅蘭妮懷孕，就算一切感覺很匆促，他也開始準備要當爸爸了。

當雅辛告知梅蘭妮懷孕的消息時，母親也哭了，本來她已經不再過問兩人什麼時候要生小孩。他說：「我是土耳其裔，土耳其人就是這樣。我媽在二十五歲已經生下四個小孩，而我現在三十一歲，卻還在想當爸爸是什麼感覺。以前我常想：我還沒準備好，不過到了某個時候就會準備好了。但現實是，此刻一切就要成真。」

雅辛就要當爸爸這件事，可能代表他不能再把大多數的金錢、時間和精力投注在新創公司上，但這麼做可能表示他無法達到想要的境界。要是他再怎麼成功，也就只有這樣呢？

他說：「我這輩子最可怕的一天，就是達到巔峰的那天。」

辭去銀行的工作後，雅辛把擁有的錢都投入新創公司，他沒有拿薪水，試著把個人支出降到最低，和一對夫妻同住一間一房公寓，早餐吃Pop-Tarts果漿吐司餅乾，中午吃泡麵。婚後，這樣的心態稍有改變。過去兩年半，他支領微薄薪資，和梅蘭妮在紐澤西州澤西市（Jersey City）租了一間一房公寓，但是梅蘭妮負擔兩人絕大部分的花費，好讓雅辛盡可能少拿自己公司的錢。

雅辛也把為退休準備的存款投入公司，現在他的計畫是藉由出售公司得到的款項退休，或是如果要繼續經營這家公司，就靠公司真正開始賺錢後的獲利過退休生活。但是他明白，統計數字顯示，大部分的公司在五年內就會失敗。他說：「這樣的話，我等於要在三十幾歲退休基金為零時重新開始。」不過，現在他決定先忽視這個困境。「未來的雅辛會應付那個問題，今天的我不要預借明日會遇到的問題。」

梅蘭妮對雅辛分配金錢的方式毫無異議，但是雅辛表示：「**現在我的選擇會影響一個對我的決定沒有發言權的人，我知道父母為孩子犧牲了多少。在孩子還小時，我必須為他們打造一個未來，提供他們實現全部潛力想要和需要的一切事物。**」

儘管如此，在孩子出生前，雅辛並不打算考慮大幅轉換職涯跑道，像是回頭從事收入和穩定性較高的工作，因為他還是想要實現成功創業的夢想。有一部分的他知道，這不是完全操之在己，也一直記著父親的經歷。雖然他很努力工作，但仍無法保證能打造出自己想要的公司，就像父親當年那樣。商界無常，有時候你做得到，有時候你做不到。

腦海中一直有個聲音在告訴雅辛：你會闖出一番成就。他說：「但不管是因為我的年紀，還是因為我在商界遭遇的壓力、起伏和打擊，我現在會開始懷疑那個聲音。我會想：真的會實現嗎？」

幸福得來不易，要靠自己主動爭取

打電話給前男友之前，我很緊張。要問對方想不想搬來紐約和我一起生小孩，在電話裡與一個感覺比從前還要遙遠的人說這些話，實在事關重大。

對方知道我要打電話給他，因為我在幾天前傳過簡訊，看他何時有空。某個週日午後，我們聊了一下上次見面後彼此發生的事，對話比我預期的還要輕鬆、還要曖昧。然後，我強迫自己直截了當：我還是想和他在一起，這一點沒變，而我知道他在思考自己想要什麼，但同時也在考慮生小孩的事。我準備要凍卵了，可是認為他說不定會想搬來紐約，和我一起完成這件事。我們聊了很久。結束通話前，他告訴我需要好好思考，但是他說：「能聽見妳的聲音真的很棒。」我認為他很可能會答應。

這次通話不久後，他答應了。他沒有馬上搬來，我們見了兩次面後，他才帶來所有的東西。他抵達時，彼此都明白要共組家庭，最終會試著生小孩。首先，我們探討共享同一個實體空間的做法，以及想從人生中獲得什麼。我們有時是朋友，有時是約會對象的關係，維持很長一段時間，卻從未如此直接受對方影響。我們有一些小差異，像是我醒來後會立刻清醒，但他卻需要打瞌睡打個四百次才會真正醒來；我們也有較大的差異，例如我很樂觀，不想擔心未來的事，而他較為實際，會為可能出錯的事做好準備。我們聊得很多，也會吵架，這一切都讓我們漸漸能在當下這一刻適應彼此。

我非常喜歡他。有一天，我們剛好同時回家，我在街上看見他，整個人都好開心，準備回到一起生活的公寓，於是加快腳步追上他。

不管是在他做菜時，我待在廚房閒晃，或是我們像小孩一樣打鬧，抑或是談到嚴肅的話題時，我們感覺就像是伴侶關係，好像彼此相連在一起，共同投入這段關係，如此真誠安穩，讓我想要永遠一直這樣下去。

我還是想和他結婚，但他認為婚姻只是形式，這是我們的爭執點之一。但是他因為依言搬來我喜愛的城市，所以我們的關係目前感覺很好。

有一個共同朋友曾說：「你們之間充滿了愛。」這句話一點也沒錯。有時，他就在這裡的事實幾乎令我暈眩，好像魔法一樣讓人不敢置信。但我知道這不是魔法，我們要在一起，必須認真對待這段感情，必須抓住對方的手，同意朝著同一個方向前進。

儘管現實與想像不同，但我們仍真實地活著

再過三個月左右，雅辛就要當爸爸了。在那之前，他打算好好利用不需要照顧小孩的時光。他說：「當我回顧人生的這段時期，我不想說：我那時候做了什麼啊？」

雅辛和最親近、小他三歲的弟弟規劃為期十六天的東南亞之旅，兩人都很熱愛旅行，但是已經有很多年沒有時間好好相處。弟弟目前住在波士頓，但是就連以前他住在紐澤西州時，雙方碰面的時間也很不固定。在這趟旅程中，他們騎單車遊歷臺北；探索曼谷、普吉島和吉隆坡；並在香港爬山健行。雅辛說：「那是我這輩子爬過最困難的路線，但是我在想：『我不能現在放棄，否則沒有人會來找我。』」

在這趟旅程中，雅辛最喜歡的時光是接近旅行尾聲的某個晚上，當時他們在吉隆坡。馬來西亞有超過六成的穆斯林人口，而他和弟弟從小與父母一起回土耳其後，就再也沒有到過以穆斯林為主的國家。那天晚上，他們在觀光一整天後，大約七點回到飯店。

伊斯蘭教一年中最神聖的齋戒月即將開始，兩人回家後，會進行為期一個月的齋戒、祈禱及反思，因此決定聆聽一場關於伊斯蘭教的講道。雅辛說：「我們想要重新設定我們的道德羅盤，宗教是我的指引，引導我如何做個好人、變得比前一天更好、在社群裡當一個好成員。」

雅辛和梅蘭妮要以穆斯林的信仰養育寶寶（已經知道她是女孩），以及未來會有的每一個孩子。他說：「我想給予他們很多好穆斯林的榜樣，因為媒體已經有很多不好穆斯林的例子了，但是你不能控制別人的宗教，他們走出家門後，可以自行決定信仰。」

小時候，母親送雅辛和三個兄弟到營隊裡認識伊斯蘭教，同時和其他穆斯林相處。他說：「在美國，這是很陌生的概念，因為這不是一個穆斯林社會，很多人不懂這個宗教，直到我上大學後才明白。」

在吉隆坡，雅辛和弟弟原本打算外出吃晚餐，但是聽完講道後，就改坐在床上聊天，聊人生、理想及他們在世上應該扮演的角色。他說：「我們飛過大半個世界，在靠近赤道的地方，談論愛、道德、家庭、事業與死亡。」

兩人說話時，窗簾是拉開的，於是他們看著天空漸暗，城市的燈光從窗外流瀉而入。遠方有六棟摩天大樓，閃爍著藍與紫的光芒。最後，他們打開一盒在臺北買的點心吃，雖然那本來是要送給家人的。將近午夜，他們談話之間的停頓越拉越長，最終兩人都睡著了，不曉得是誰說了最後一句話。

雅辛說：「我記得最清楚的就是那種感覺，通體舒暢的感覺。」

雅辛的人生不像他在把另一個人帶到這個世界前所想的模樣，他在十幾歲想過，將來有第一個小孩的自己會是什麼樣子時，認為那時候的他會是「二十七或二十八歲」的已婚百萬富翁，和妻子會在沒有工作時，參加高級雞尾酒派對和晚宴。他說：

「就是常春藤盟校出身的書呆子會出入的場合，我們會和物理學家討論四維空間。太太會比我還搶眼，而我原本就非常搶眼。」

現實是雅辛現年三十一歲，和梅蘭妮剛搬入一間兩房公寓，是他成年後第一次住在有兩個房間的空間。他說：「然後我還一邊在家做運動應用程式的工作，一邊等待小孩出生。」

環顧新公寓時，那些兩個月前不存在的嬰兒書籍和娃娃，總令他困惑不已。話雖如此，不管他以前是怎麼想像的，對他來說，往後的二十四個月就和往後的二十四年一樣，並沒有比較可怕。他說：「我覺得自己應付得了這場競賽的開端，往後的二十四年就會有較多灰色地帶，我想確保自己當一個好榜樣，養出相信自己很有能力的孩子，我不想限制他們能做的事。」

雅辛回到澤西市的家時，齋戒月開始了。齋戒月期間，他通常會在凌晨三點四十五分起床做早餐，快速吃完東西，然後睡回籠覺。但是今年他卻無法再度入睡，他仍在調整時差，而且梅蘭妮剛好在生產前最後一次出差。他說：「她不在身邊，我就睡不好。」

雅辛從不認為自己是依循性別角色的人，因此會和梅蘭妮一起分攤家事，她洗衣服，他洗碗，他把兩人視為平等的伴侶。但是在梅蘭妮懷孕後，他覺得梅蘭妮做得較多，「我因此懷有罪惡感。」（出門旅行前，他確實到超市買了梅蘭妮最喜歡的食物囤積在家裡，還在家中各處藏著寫給梅蘭妮的小紙條。他說：「我設想她可能會在什麼時候去哪些地方，這樣她就不會在我離開那天找到全部的小紙條。比方說，我在第三盒麥片裡放了一張小紙條，而不是當時開過的那盒，這樣一來，她就會在我接近旅程尾聲時才找到。」）

梅蘭妮已經研究過嬰兒用品，找到偏好的衣櫃、汽車座椅、嬰兒車及嬰兒床。他說：「我覺得：『可以等寶寶更接近預產期時再來想那些。』但是這件事對她產生具體的生理影響，對她而言，時間點就是現在。」

前幾天，梅蘭妮叫雅辛對著她的肚子跟寶寶說話，但是他說：「我覺得那麼做很怪。」

他告訴她：「這一切對妳來說很真實，對我來說也很真實，但是感覺不同。」

為了可能發生的改變預做準備

凍卵幾週後，艾碧嘉兒去婦產科做年度檢查。她和醫生討論到是否想要繼續拿節育處方這件事，她想要，卻說這只是短暫的。

她說：「一年後回來時，我可能會準備生小孩。」

這個答案讓她自己有點驚訝，她知道自己有這樣的感覺，卻沒料到會大聲說出口，把自己的渴望告訴婦產科醫生，打算不久後開始行動，讓這件事從原本只存在腦海中，變成如她所說的「攤在陽光底下」。「想一件事和說一件事，是非常不同的事。」

艾碧嘉兒不是完全肯定，一年後會準備好獨力生下孩子，假如遇見想要一起養兒育女的人，她也不排斥放棄這個選項。倘若真是如此，她願意多等幾年再生，因為她已經凍卵了。雖然如此，她還是著手準備在不久後獨力生子，其中一個準備計畫就是搬到較大的房子。她說，在三十歲時買下「我的大孩子房」，那是一棟有著三根柱子、環繞型門廊和庭院的藍色平房。她非常喜歡這棟房子，但是因為太小，沒有空間規劃嬰兒房，所以她說：「我開始想著必須做準備了，我人生的下一個篇章會出現一個小人兒。」

在有時從健身房回家途中會光顧的麵包店（她說：「因為這樣才合理。」），她告訴老闆，可能需要找新房子，老闆向她推薦一位房仲。艾碧嘉兒和房仲碰面後，只請對方帶她去看目前居住這一區的房子，因為這裡是位於一所不錯小學的學區。

她說：「我覺得自己就像瘋子，替一個還不存在、可能永遠不會存在的孩子設想這些，但是房仲卻表示完全理解。」

不到三週，艾碧嘉兒已經進入購屋程序，買下一棟有四個房間，幾乎是原本那棟平房兩倍大的房子。她本來不打算買這麼大的房子，但是「你總是會情不自禁喜歡某些東西。」這棟房子有一個房間，她覺得可以當成嬰兒房，但是目前當作客房使用。

在尚未確定要不要獨力生小孩前，就開始添購寶寶的家具，她認為是「本末倒置」。

勇於分享，獲得新的支持力量

艾碧嘉兒也在臉書（Facebook）和Instagram上宣布凍卵的事，發布一張得知手術很成功後，在醫院病床上豎起大拇指的微笑照片。她在貼文中寫道：「關於要不要發布這則貼文，我猶豫了兩週。一方面，這是非常私人的事；另一方面，我想幫助和自己一樣的人，所以我現在在社群網站上過度分享自己的私事，希望有人不再感到孤單。」

艾碧嘉兒不知道會得到什麼反應（她說：「我真的是屏住呼吸按下發布的。」），但是後來收到的留言都很正面。朋友們恭喜她；友人則告訴她，也在考慮凍卵，並且詢問一些問題；一位前同事表示已經獨力生下一個小孩，並且邀請艾碧嘉兒到她家見見剛出生的女兒，她們聊了近況，也深入談論對方怎麼挑選捐贈的精子。艾碧嘉兒說：「看見她對單親媽媽的新生活感到全然自在，讓我非常安心，好像一切都變得可行。」離開後，她感覺充滿啟發。

艾碧嘉兒的前同事也分享獨力生養小孩的女性組成的臉書社團，艾碧嘉兒看了那些貼文好幾個小時，發現社團裡有很多女性來自她居住的地方，令她既驚訝又寬慰。她說：「我住在田納西州納什維爾，原本以為這裡沒有人會選擇凍卵，但是結果並非如此。」社團裡的女性坦誠表示，一個人生養小孩的確很困難，並且回答艾碧嘉兒一些關於捐贈精子的問題；她們也提出一些艾碧嘉兒從未想過的問題，像是怎麼從醫院把寶寶帶回家？

艾碧嘉兒說：「通常這是伴侶做的事，但是沒有伴侶帶我們回家。有一個女人很擔心：我要怎麼開車回家？」

艾碧嘉兒不怎麼約會，部分原因是冬天比較喜歡待在家，也就是進入她所謂的「冬眠模式」。不過凍卵也讓她覺得自己被賦予力量，她說：「我不需要男人來做這件事，我想要伴侶，想要丈夫，但不是非得要有。」凍卵的重點是讓她有更多時間再開始嘗試懷孕，但是她說：「結果這件事反而讓我對接下來的步驟感到興奮。我今天和某個人講到這件事，對方說：『妳必須順著感覺走。』」

隨著天氣回暖，健身房的朋友說想替艾碧嘉兒安排一場約會時，她答應了。男方為人不錯，不過艾碧嘉兒對他沒有很強烈的契合感。第一次約會後，兩人又一起出去幾次，但是當時他正要完成碩士學位，而她正準備交屋，都不是很積極地安排時間見面，因此就不再計畫約會，艾碧嘉兒也不後悔，她說：「他不會被我視為可惜錯過的機會，我沒有渴望什麼。」

艾碧嘉兒不喜歡約會，也很討厭交友應用程式，她喜歡和好友（大部分都有小孩），一起參加庭院烤肉派對，或到湖邊散步。傍晚時分，她時常回到以前居住的地方，坐在前鄰居的門廊上，和他們的小孩一起吃冰棒。

她說：「我和很多人說過，我必須刻意去做這些事。我不能再期待快遞員會成為夢想中的男人；我不必和單身朋友一起去酒吧；我必須重新開始使用那些應用程式，但是我真的希望能有更好的方法。」

改變永不嫌遲，每個時刻都可以重新出發

艾碧嘉兒不斷想像，如果真的要獨力撫養小孩時，日子會是什麼模樣，同時偷偷注意哪些健身房附有托兒設施，或是新家附近哪裡有公園。她也會想像有小孩的已婚生活，她說：「畫面是一樣的，只是會有兩雙手一起應付小孩，而不是只有一雙。」

艾碧嘉兒還是想在新年前（凍卵一年後），決定是否獨自試著懷孕。她說：「我不會說這是占據心思最前線的第一要務，但它肯定在相當前面的位置。」

艾碧嘉兒喜歡做研究，對於任何感興趣的事物都會深入挖掘相關資訊。了解選擇精子的過程，檢視不同診所的評價，就花了好幾個小時。她和鄰居聊到幼兒園，最後竟然開始閱讀關於「課綱、學區和其他與我無關的廢話」。她存了一篇英國版《她》雜誌的文章〈為什麼我在三十七歲使用捐贈精子成為單親媽媽〉（Why I Became a Single Mum Using a Sperm Donor Aged 37）。

艾碧嘉兒也不確定想不想繼續留在可口可樂，十一年前，也就是二〇〇八年，她

想成為房仲。她上了證照班，並且通過考試，但是當時正值經濟大衰退，重創全美房市。她說：「我那時候不夠勇敢，沒有踏入那一行。」因此，她開始在消費性包裝食品產業（Consumer Packaged Goods, CPG）工作。

現在，艾碧嘉兒考慮再考一次試，購買新屋重燃她對房仲業的興趣。有一部分的她覺得辭職很愚蠢，因為如果要當單親媽媽，就會需要薪水與福利。然而，她也越來越覺得對這份工作沒有熱情，她能表現得很好，是因為想把每件事都做好，也很享受有錢可以買下房子等鉅額商品的感覺。可是長期來說，她真的希望一邊撫養小孩，一邊做自己不在乎的工作嗎？她的不滿會不會影響教養小孩的方式？

激發艾碧嘉兒做出重大改變的部分原因，是因為她即將屆滿三十五歲。她的生日是八月二十日，但她總會慶祝一整個月，並把這個月份更名為「艾碧月」。她說：「我希望待的地方能讓自己快樂，能讓我從事覺得可以提供價值的事。我沒有到達在三十五歲想到達的地方，從物質方面來說，我是住在理想的房子裡，但物質並不重要。」

就在她天人交戰時，獨力生下小孩的前同事傳來簡訊：「妳懷孕了嗎？」艾碧嘉兒說：「同儕壓力改變很多，以前大學也有同儕壓力，那時候是：星期二就星期二，出來玩吧！」

另一個盡在不言中的開始

在雅辛和梅蘭妮家中，嬰兒房已經準備好了，有嬰兒床、衣櫃、尿布台、檯燈、搖椅，以及放在角落讓雅辛使用的書桌。梅蘭妮的預產期落在足球季開端，是雅辛工作最忙的時候，他沒有得到正式的育嬰假，打算在孩子出生後，利用零碎時間工作。公司剛剛創立時，他曾連續好幾年只有極少的休息時間，也都撐過來了，所以認為自己足以應付這段睡眠不足的時期。他說：「但這是不一樣的挑戰，比較像是情感上，我希望可以待在寶寶身邊，不想錯過我們的小孩還是寶寶的前幾個月。」

雅辛和梅蘭妮上了一堂課，了解生產期間應該注意的事。雅辛很驚訝地得知，他是應該負責剪掉臍帶的人，可是不想這麼做。他說：「聽說臍帶很有彈性，等我感覺到它多有彈性的那一刻，一定會覺得超詭異。我明白那其實不會有什麼感覺，但是要把妻子和小孩身體的一部分剪掉，感覺就是很奇怪。」

預產期前四天，梅蘭妮和雅辛在晚上八點左右來到醫院，很確定梅蘭妮開始陣痛了。雅辛說：「真的很令人困惑。她開始陣痛時，我們就在想：這是真的還是假的？」他們把女嬰取名為蕾拉。蕾拉在隔天下午四點半左右出生，黑髮又多又密，讓接生的醫生都忍不住對此發表評論。雅辛在旁邊觀察一切，然而即使如此，他還是覺得寶寶不是真的。

他說：「在剛開始一、兩分鐘，寶寶在我眼裡就像外星人，我不知道那是誰，她看起來不像人，有一張無名臉，就像被塑造成嬰兒應該要有模樣的黏土模型。」

醫生問他：「你準備好剪臍帶了嗎？」

雅辛說：「好了。」

一名護士詢問：「你想拍照留念嗎？」

雅辛又說：「好。」

護士就站在那裡，一臉逗趣的表情，但是雅辛不明白為什麼，他已經說想拍照留念了。

最後，護士終於說：「那就把手機拿來呀！」

雅辛一次就剪斷臍帶，讓他很自豪，他說：「這種事不常發生。」大約十分鐘後，他第一次抱到女兒。根據伊斯蘭教的習俗，寶寶出生時要念一段祈禱文。雅辛說：「所以我就在她的耳邊念了祈禱文。」

兩天後，雅辛傳簡訊向我報告寶寶的事：

「我很累，也很愛她。」

「她有好多頭髮。」

他寫道：「給妳看一張盡在不言中的照片。」

照片裡，雅辛站在醫院的病房裡，一手抱著新生兒，一手在筆電上打字。

踏出舒適圈重啟人生

艾碧嘉兒一直想辭去可口可樂的工作，轉行當房仲。她又上了一次證照班，並且再次通過考試，不過在接下來幾週卻很猶豫該不該這麼做，和十一年前一樣衡量著相同的優缺點。但是她說，在八月初，「我確定要做這件事，我想要做這件事並不令人訝異。」家人、朋友都知道她在考慮這件事，「但令人訝異的是，我真的去做了。」

艾碧嘉兒已經準備好六個月只靠積蓄過活，加入的那家仲介公司告訴她，她至少會有六十至九十天沒有任何收入。她覺得需要這麼長的時間簡直就是「瘋了」。在那之後，大概還要六個月才會有固定業績。她說：「也可能需要更久的時間，但是我不要進入那種思維，我不允許自己那麼想。」

對於新工作可能會打亂人生，逼她脫離一大清早健身、晚上早早就寢的固定作息，她感到很興奮。擔任房仲必須擁有超強的社交能力，一天到晚出門和陌生人說話（而不像她以前那樣不敢和人有眼神接觸），無時無刻都要樂於結交潛在客戶。

她說：「我已經變得有點安逸，凡事都只是敷衍了事，沒有踏出舒適圈，付出任何實質的努力，現在我被迫進入其他社交環境，走出屋子。」

轉職延遲她生小孩的時程，但是應該不會太久，可能只會晚八、九個月。艾碧嘉兒說：「說不定只有六個月，我原本以為自己可以在年初搞定這件事，我如果做到當然也會很高興，但是我並不覺得，工作這麼不開心對我或寶寶會是好事。」

當艾碧嘉兒告訴祖母，她要當房仲時，祖母率先詢問的問題是：「我的寶貝孫子呢？」

艾碧嘉兒說：「我聽了有點心痛，因為她已經八十五歲了，而我是她最喜歡的孫女，她不在乎我用什麼方式，只希望我能生小孩。」

艾碧嘉兒也想生小孩。前不久，她收到貯存卵子的機構寄來的信，表示如果把卵子從納什維爾遷移到內華達州的某處，他們可以提供更便宜的收費，但是她拒絕了，她說：「我希望它們離我近一點。」

三十五歲生日那天，艾碧嘉兒在新家舉辦派對，供應塔可餅、墨西哥捲餅及龍舌蘭酒，整個晚上都非常開懷。以前過生日時，她會想到自己欠缺的東西，但今年想的則是自己擁有的東西：比她還年輕的卵子、她深愛的房子，還有她迫不及待展開的新工作。她說：「三十五歲真的讓我感覺很棒，我不知道為什麼，從某個重大的方面來說，我是在退步，但我覺得這是為了更大的福祉著想。」

無論決定為何，都是自己的選擇

尼克和穆麗兒談過關於這段感情的大小事，卻還無法像討論其他難題那樣，大方討論要不要生小孩。尼克說：「有很長一段時間，感覺我們可以之後再決定這件事，但是那個階段已經到了尾聲，我們顯然不是很擅長這個新話題。」

穆麗兒同意尼克所說的，認為這感覺是他們人生中，一件可能會因為年紀大而無法去做的事。她說：「我並不在意到了什麼年紀，就必須成為哪一種大人，但是在生小孩這件事上，卻無法說出自己不在意。我終究無法用思考的方式告訴自己不去做，或是找到一個合理的理由說服自己去做，最後我就是沒辦法自然生小孩。」

穆麗兒不斷思考這件事，現在身邊也有很多朋友都有小孩，但是她說：「我和她們的主要差異是，她們是真的想生小孩，也想辦法這麼做了，這件事讓她們很興奮、很快樂，但是我大概只會覺得充滿壓力。」不管是現在或一年後，要下定決心嘗試懷孕，讓她覺得會進入一場不想參與的戰鬥。她說：「感覺就好像上了戰場，切換到生存模式，努力保護自己的蛋。還有我根本無法思考有一個小孩會是什麼樣子，感覺就是一顆手榴彈。」

無法想像生下小孩會是什麼樣子，讓穆麗兒更肯定自己不想做這件事。「我可以想像生活好一點時，領養或收養小孩，但就是無法想像懷孕和生產是什麼樣子，覺得：**這件事要安插在人生的哪裡？**」

尼克也不知道現在怎麼會有辦法照顧孩子，他說：「我們沒有穩定的基礎，不是指金錢方面，我們不知道自己一年後會在哪裡，有太多不確定的因素了。」

有些朋友鼓勵穆麗兒試著懷孕就對了，看看會發生什麼事，但是她說：「感覺真是很糟的建議，我不想冒險，我的確擔心自己會錯過些什麼，我是人，也不想錯過人類最根本的東西，但那是我唯一掙扎的點。我不會掙扎地想說：哦，我真希望坐著的腿上現在有一個寶寶。」

即使心懷恐懼，仍然勇敢邁步

我沒有很快就懷孕，經歷一年的受孕治療、一次流產，才來到寫下這段文字的這一刻：懷孕七個月，目前都很順利。

我很幸運有金錢和健保進行這些醫療行為，也很幸運自己的身體對這些醫療行為的反應良好。在嘗試懷孕期間，有時候我不認為自己有辦法成功懷孕，希望不會讓那些受孕困難的人感到痛苦，但還是想說，在那段不確定的時期，我很努力保持開放。我可能無法生下自己的小孩，但是還有其他的選項，包括使用捐贈卵子、領養或乾脆不要有小孩。當時，我沒有積極花大錢嘗試那些選擇，也知道如果被告知繼續使用自己的卵子沒有意義，一定會覺得非常痛苦。

可是我也知道在這段期間，自己的感受已經和三十出頭時不同了。三十出頭的我有一條既定的道路，任何一點偏離都感覺很可怕，彷彿就連偏離一小步，都會殲滅心中那個未來的自己。現在我明白，無論自己的人生是什麼樣子，我都知道自己是誰。假如那時候嘗試懷孕為時已晚，一定不會有事的，因為之前的我尚未準備好。

我並沒有希望生小孩會帶來圓滿的結局，從某方面來說，我十分害怕。或許我不該承認，當媽媽確實算是某種結束，會讓我在熱愛的那些生活層面停止前進。

不久前，我和茹西到公寓旁的公園散步。當時我正處於對寶寶會帶來的衝擊，感到極為緊張的階段，茹西沒有子女，所以我很擔心自己有了小孩後，我們的友誼會變淡。在主題完全不同的對話中，我不經意脫口說出這樣的恐懼：「我不想改變這一切。」

茹西立刻回答：「我也不想。」彷彿她一直等著說出同樣的話。

同樣地，有一天晚上準備就寢時，我跑到男友那一側床邊，坦承很擔心寶寶會帶走我們當下的關係。我說：「我喜歡現在這樣，但是這裡很快就會多出一個人，我很怕我們不再是我們。」

男友吻了我，當他想讓我知道他明白我的意思，同時一邊思索該如何回應時，通常會這麼做。過了一會兒，他說：「我覺得我們還會是我們。」

我不知道之後會發生什麼事，但是**希望擁有孩子，會成為生活中熱愛的另一個層面，而不是這件事會讓我變得更像大人。在社會學家的眼中，這或許是把我變成大人的另一步，但是我其實已經到達那個境界了。**我不是在尋找一個讓自己安定的事物，而是在尋找一個全新的經歷。先前我不確定想要這個經歷已經很久了，即使在確定後，也不確定要怎麼實現，但是現在我已經做到了。

結語

每個年紀，都有人生最好的風景

「看著自己的夢想成長，看著自己越來越懂得怎麼當一個人，並且在這個世界走跳，是很棒的一件事，但是同時這個世界似乎正在分崩離析。」

——穆麗兒

住在奧斯丁的馬庫斯，那天晚上在沙發上大哭一場後，終於預約了心理治療師，希望對方能讓自己不要再因為無法實現想要的東西而感覺這麼糟糕。他進行了幾次晤談，卻不確定心理治療是否發揮效果，他不覺得有任何差異，心理治療師也沒有提供任何判斷自己是否進步的依據，或是像他所說的：「一些我可以努力的東西。」目前，「我就只是和她談話而已。」馬庫斯不介意談話，但是希望可以更明確地感受到這件事發揮作用。

此外，馬庫斯也得到一份新工作，不過是在同一個機構，唯一的改變就是離開現在的部門。馬庫斯對此並不覺得興奮，他對L說：「真是的，這只是平級調動。」

然而L指出，即便如此，至少馬庫斯會離開必須奮力掙扎才有辦法起床出門的那份工作，她希望馬庫斯至少可以有一點點快樂。她說：「你能不能花五分鐘的時間興奮一下？」

馬庫斯說：「邏輯上，我知道自己應該再興奮一點，但我還是待在同一個機構，新工作有一部分會和之前差不多。這不是夢想的工作，就只是另一份工作。」

心理治療師指出，馬庫斯很容易駁斥所做的任何正面事項，只看見失敗和接下來需要努力完成的事物。她告訴馬庫斯：「你沒有認可自己的成就，也對自己的成就過於輕描淡寫。」

有一次晤談，馬庫斯寫下那一週發生的事：讓他不快的事、讓他不快但後來解決的事，以及讓他不快但其實沒有那麼糟的事。

心理治療師聽完後，說：「有沒有發生什麼好事呢？」

馬庫斯說：「這給了我另一個觀點，雖然發生三件不好的事，但是也發生了四件好事，而且有一些還比不好的事更重大。」

其中一件好事是，新工作意味著馬庫斯會留在奧斯丁，L終於可以開始計畫搬家了。等她準備好，馬庫斯會飛到芝加哥幫忙打包行李，他說：「只要給我一個日期就好。」

現實與想像中永遠不同

在勞動節那個週末，馬庫斯飛到芝加哥幫忙L搬家。兩人打包好公寓的東西，但是大部分的東西都拿去寄放，讓專業搬家公司之後取出。L和馬庫斯只帶著四個包包飛回奧斯丁，他說：「一切都很順利。」

L原本不希望在訂婚前搬去和馬庫斯同住，不過公司（現在她是遠端工作）威脅要裁員，她可能會失去收入，所以便搬進馬庫斯的公寓。

馬庫斯很高興L搬來同住。浴室無法讓兩人同時使用（他真希望有兩個洗臉台），他們擺放乾淨碗盤的方式也不一樣（有一個更大的料理台，無傷大雅），可是和以前的女友不同，他在L的面前從來不會假裝自己很完美，這讓同居容易許多。他說：「我以前會試著成為自己認為女人想要的那種男人，結果下場卻很慘，所以我就想，**不如試著做自己吧！我的心裡認為：一定不會有人喜歡真正的我，但是真的就有人喜歡。**」

新工作現在就讓馬庫斯感到厭倦了，上司給他一個月完成一項專案，但是馬庫斯兩週就完成了，他告訴上司：「我做完那件事了。」

上司說：「不，等等，我不想催促任何人，不然你複習一下筆記如何？」

兩週沒事做的馬庫斯，氣憤地走回辦公桌，心想：「我幹嘛這麼早就把事情做完？」

馬庫斯說：「核心問題還在，我還是在做缺乏成就感的事。我覺得想從工作中找到意義是非常千禧世代的事，認為自己會那麼想很討厭，聽起來很矯情，但那就是本質上困擾我的事，我會想著自己上班與否有差別嗎？」

超過兩年沒有得到任何工作機會的馬庫斯，在新工作待了短短四週後，竟然得到另一家公司提供的機會，還是稽核方面的工作，但是他可以和休士頓的社區住宅與營造公司合作，為中低收入戶提供居住的地方。馬庫斯在面試時，遇到街頭流浪者跑進來說：「嘿，我需要幫忙，應該找誰？」馬庫斯可以實際看見自己的工作會影響哪些人，不像現在替政府工作，「啃了那些數字，做了那些稽核，卻覺得毫無意義。我花了一年的時間做那些事，但是能做到什麼？我很難把每週四十個小時做的事和產生的成果連結起來。」

馬庫斯想接受那份工作，搬到休士頓，可是L也有一個在奧斯丁的新工作機會。馬庫斯的理由是，他向這家新公司多要一萬美元的薪水，打算運用在財務教育事業。他還沒放棄把教學和演說變成唯一的工作，而這是讓他可以有錢推廣這門生意，看看是否有夠多人願意僱用他的好機會。他說：「我想知道會有什麼結果。」

然而，L認為不該不假思索就接受那份工作，兩人在奧斯丁很快樂，而且如果她的工作機會也能加薪呢？此外，L也願意讓馬庫斯在事業上運用她多餘的錢。馬庫斯表示：「從來沒有人對我說過任何近似這樣的話語：『我會支持你做這件下場可能很淒慘的事，你可以用我多餘的薪水，你不是一個人。』」

抵達終點的一天從未到來

二〇二〇年春天，新冠肺炎疫情迫使所有人都關在家裡，讓我們的生活聚焦在安全和保護這兩件事。即使我們很幸運，身邊無人死亡或生病，自己也並未染疫，但我們的生活還是改變了，而且持續改變。原本好像觸及得到的，現在似乎完全出局了，或是我們不再想要曾經想要的事物。

對我來說，這一切似乎讓我更肯定，自己第一次回顧三十出頭的人生，認為那段時期沒有依循人生規劃產生的質疑：**我們永遠沒有到達終點的一天。**在我們持續定義自己的成年期，這則訊息就彷彿寫在空中的霓虹字體，鮮明地劃過我們的人生。

理論上，我們可以自由地在想要時做想做的事，可以去做能帶給自己不是只有薪水的工作；可以結婚或不婚；可以買一間房子，或是決定一直更換居住的地方；可以生小孩或是選擇不生。

但是從某部分來說，感覺也像是因為我們無法真的做到那些事，所以才會拒絕或延遲去做，即使我們想要複製傳統的成年期，似乎也做不到。我們抵達不了過去輕易就能抵達的里程碑；那些里程碑已經不在觸碰得到的地方了，我們怎麼買得起房子？怎麼確定該不該和這個人結婚？穩定的工作有可能存在嗎？如果我們想要小孩，又要怎麼養育？

昆茲說：「我們很容易就會想著：**哪裡出了問題。不是我或我的世代，就是我可能的結婚對象，因為我們再也無法達成那些標記。**」

要打造這些困難加重的成年期需要花費更多時間，如果真要說實話，有些人甚至可能永遠無法做到。我們可能背負太多債務；沒有在對的時間找到對的感情；無法在理想的工作領域中有所成就；犯下無法彌補的過錯；負擔不起自己的夢想。擁有相同抱負和天分的人，最後不見得會得到一樣的成就。沒有得到想要的事物，就應該更努力嘗試，這是不對的觀念，即使我們應該獲得同樣的機會，卻不是每個人都有相同的機會，全都受到自己的背景、經濟條件、性格、機運，以及許許多多有形、無形因素帶來的助力和阻力。如同新冠肺炎赤裸裸展現的，人生可能會在一夕之間脫離我們的掌控。

昆茲說：「有些人無法過自己想要的人生，那是很可怕的。」

疫情成為坦誠溝通的契機

查爾斯正在修習畢業前必須完成的倒數第二門課，而且目前拿到的分數是A，也是他努力想得到的分數，因為他希望能獲取夠高的學業成績平均點數（Grade Point

Average, GPA），成功申請好的企管碩士。他希望擁有企管碩士的學歷，會幫助自己有朝一日成為建設公司合夥人。他試著不再告訴自己，從學校畢業後，人生就會變得更好，一部分是因為他想繼續攻讀企管碩士，另一部分也是因為「我不能再說：這件事完成後，我就會快樂，因為永遠都會有其他的事要完成，尤其是如果我想不斷進步的話。」

查爾斯和馬特又聊了更多結婚的事。馬特詢問，如果他永遠沒有準備好，查爾斯會有什麼感覺。一開始，查爾斯說會想要分手，讓馬特很難過。通常他們會吵架，然後留給彼此一些空間幾天。然而，因為疫情的關係，他們一起被困在家裡，只能繼續交流。查爾斯最後坦承，他怕馬特不想結婚是因為在等待更好的人出現。

查爾斯表示：「我告訴自己，他沒有答應求婚是因為各種不安全感，像是我還沒完成學業、他喜歡上別人、我的信用分數比他差等等。」

馬特告訴查爾斯，事實並不是那樣，會猶豫完全是因為自己的緣故，而且他仍在繼續努力改善自己和自身的問題。

查爾斯說：「我很少和他提及自己的不安全感，因為我怕他會認為我瘋了。聽見他表明和地球上的其他人有相同感受，那種感覺很好。」

生命中總是存在許多變數

馬庫斯成功得到位於休士頓的那份工作和想要的薪水，但是L卻沒有錄取那份位於奧斯丁的工作，因此兩人決定搬到休士頓。馬庫斯在某個週五結束原本的工作，兩人在週末搬好家，他在週一就開始新工作。他們簽訂十八個月的租賃契約，馬庫斯表示：「那是我這輩子住過最好的公寓，我真的越來越喜歡了。」

馬庫斯的人生正在轉變，但不見得是按照他預期的方式。他依然從事稽核的工作，而且雖然新工作的薪水變多，但還是要穿西裝、打領帶上班，「到頭來，這還是工作。」他仍持續建立自己的財務教育事業，但是此時此刻也接受：「或許我就是適合當稽核員，我很擅長這件事。」

馬庫斯本來也沒有在尋覓一段認真的感情，不過如今確實置身於這樣的感情裡，還滿喜歡的。L原本希望同居前先訂婚，雖然後來沒有這麼做，但她還是想訂婚。馬庫斯允諾會求婚，還說：「我想信守承諾，我是真的愛她。我覺得我個人對婚姻這個為了某個目的而採取的手段，抱持不可知論（Agnosticism）的態度，但在邏輯上能了解婚姻帶來的寬慰、安全感和保障。」

馬庫斯打算在他生日或跨年那天求婚，但是在詢問L的戒圍時，她卻告知想自己挑選戒指。因此馬庫斯還在等L挑好戒指，然後就會重新選定一個日子求婚，他說：「我還不知道什麼時候會求婚，不過我很期待。」

馬庫斯對這些變化不全然感到自在，在某些方面，他還是和換工作與L搬來同住之前一樣，覺得人生失去掌控。這個新的未來會如何發展？他也很想好好計畫，他的優先順序是什麼？結婚？財務教育事業？小孩？賺更多錢？

心理治療師告誡馬庫斯，不能一直想為人生精打細算。在搬去休士頓之前，他進行最後一次晤談。

心理治療師告訴他：「**焦慮沒關係，不知道接下來會發生什麼事也沒關係。**」

馬庫斯努力遵循她的指導，克制自己想掌控所有事情走向的需要。他說：「這種無法關機的狀況，顯然讓我疲憊不堪，我正試著接受不知道之後會發生什麼狀況的這件事。」

取而代之的是，馬庫斯試著以小時候玩樂高（LEGO）積木組運用的哲學，來建構自己的人生。小時候，他會盡力組好積木，不在乎組的東西像不像外盒上的圖片。畢竟，除了他之外，沒有人知道積木組好後應該是什麼樣子，他的人生也是如此。他說：「**我正試著把我的人生變成自己的，希望最後組好的人生很漂亮，但就算不是那樣，我還有盒子，我是唯一一個知道它應該長什麼樣子的人。**」

疫情打亂步調，但是仍要站穩腳步

尼克在失業金用完前，又找了酒保的工作，這樣就能一邊賺錢，一邊尋找助理的工作，但是因為疫情的關係，洛杉磯的餐廳在幾週後歇業了。他和穆麗兒在能工作時就工作，穆麗兒在餐廳負責幫外帶客人點餐，而尼克則在擔任露台服務生，但兩人大致上是失業的。他們在喜劇方面的工作大部分也不復存在：尼克擔任相聲演員的俱樂部關閉了，穆麗兒的即興表演劇場也一樣，商業廣告也不再舉辦真人試鏡。

兩人在洛杉磯曾經從事的一切停擺或減緩了，但是尼克卻覺得鬆了一大口氣，讓他自己很驚訝。他知道之前一直覺得自己很糟，努力想得到助理的工作，卻總是事與願違。他曾多次在半夜醒來，確信自己把人生搞砸了，他說：「我一直覺得自己是最後一名，是慘烈的失敗者，無法跟上眾人的腳步。」

但在可能時，尼克還是會參加試鏡、相聲表演和面試，也認為會就此繼續，接著卻關機了。他說：「**當全世界的插頭被拔掉時，我突然可以呼吸了，之前我跟不上別人，但是現在外面好像沒有別人。**」

他們知道這種情況只是暫時的，即使在洛杉磯建立的生活再也回不來，最終還是要想辦法賺錢，他們的存款、製作播客賺的錢和失業津貼，只能再撐六個月左右。

但現在他們還是買了高級躺椅，並且放在頂樓，可以躺著晒太陽。兩人也領養幼貓，雖然牠們一開始很怕尼克和穆麗兒，但是後來漸漸習慣了，會想睡在兩人的脖子上，穆麗兒非常喜歡。他們也參與「黑人的命也是命」（Black Lives Matter, BLM）示威遊行，第一次參加時，穆麗兒戴著口罩啜泣，想起十幾歲時，父親被警察拉到一旁的情景，因為穆麗兒看起來像白人，警察不相信兩人是父女，反而指控穆麗兒是妓女。

穆麗兒說：「我全程都在哭泣，我想自己一定是有一些沒有處理好的創傷，腦海中想的是：**我沒想到會發生這種事。**」

她和尼克談了很多想在人生中做出的改變，通常是在晚上散步兩小時閒聊的。穆麗兒很享受每天思考自己在做什麼的這個機會，她會思索自己是不是陷入某種輪迴，好比參加其實不那麼喜歡的廣告試鏡，或是在餐廳多值一些班，好支付越來越高的健保費用，只因為她認為這是該做的事，而不是因為這件事讓她快樂。假如不那麼執著於追求的目標，她會怎麼做？未來感覺還很遠，因此可以做出各種有趣的臆測，說不定他們會搬到尼克哥哥所在的猶他州，或是可以買一輛露營車、回去學校念書，還是開一家小餐廳。

穆麗兒說：「任何想得到的事都在選項裡。很好玩，當一切被奪走時，你才會開始思考一些根本的事物，想把一切燃燒殆盡是很怪的感覺。」

一切總有結束的時刻，只是過程讓人難以預期

亞當的兩個女兒理應在九月開始上學，讓他自從當了父親後，白天第一次獨自置身在空蕩蕩的房子裡，但是現在他不確定學校是否會在秋季開學。亞當能想到的只有剩下的夏天——女兒在後院的充氣泳池玩水，他每隔五分鐘就發一次零食，一邊努力寫書。他把自己的焦慮投入在寫作上，不去想關於接下來幾個月，甚至是明年的事。能夠正面思考時，他看得見這段時期結束後，出現某種程度的正常，不過他說：「我不知道我們何時才到得了那裡，我的大腦想像不出來。我能看見這一切的另

一頭有些什麼，卻很難想像抵達那一頭的過程。」

總有一天，我們都會老去

我們會變老，這是無可避免的。

當我在七十多歲的母親面前，因為求婚失敗大哭時，哭著對她說：「我好老。」母親說：「親愛的，妳不老，我才老。」但是我不會那樣想她，去年我們去羅馬，她每天帶我參加四小時的古蹟導覽之旅，始終精力充沛。

社會概況調查計畫前主任史密斯指出，較晚進入成年期會發生一個常被遺忘的現象是，我們其實也活得比以前的人還久。根據美國國家衛生統計中心（National Center for Health Statistics）指出，二〇一八年的出生時預期壽命已提高到七十八．八歲。

史密斯說：「雖然從整個生命週期的起點來看，成年期的完全實踐算是延遲了，但是生命週期的終點也有延後，活到八十歲或九十歲的人口比例持續上升，因此成年期雖然在較年輕的年齡層縮水，卻延伸到更年長的年齡層。我不常聽到有人採用這樣的說法，但是假如你到了三十幾歲才開始成年期，經歷的成年期長度還是和一九五〇年代或一九六〇年代的人一樣多。這不只是延遲，也是轉移，延遲是比較重要的面向，但是這其實也象徵生命週期整個被往後推移。」

不過無論我們何時才開始覺得自己老，或是何時才開始使用那個標籤，事實上總有一個時刻會出現，讓我們覺得已經學到的多於還沒學到的，擁有的空虛感和選擇也不像以前那麼多，混亂與人生之間的落差變小了。

一個時刻的終結，也是另一個全新的開始

雅辛從澤西市搬到北卡羅萊納州羅里（Raleigh），因為現在沒有人會面對面召開商務會議，所以他覺得不再需要距離紐約這麼近。他和梅蘭妮討論要住在哪裡，除了羅

里外，也考慮亞特蘭大和奧斯丁，最後利用影音看屋後，決定在羅里租下一間三房公寓。搬家那天，在吉隆坡與雅辛聊天一整晚的弟弟，陪他坐在搬家貨車上，梅蘭妮則帶著蕾拉，駕駛他們的新車跟隨在後。雅辛最後一次鎖上澤西市的公寓大門時，突然感覺到那一刻代表的終結，他心想：這件事真實發生了，但是他並未因此悲傷。

雅辛說：「那比較像是你坐在一輛向上攀升的雲霄飛車裡，知道驟降的陡坡即將來臨的那種刺激感，既期待又興奮。」他們開了十二個小時的車，期間雅辛和弟弟聊到父親，弟弟猜想父親一定很為他們感到驕傲。雅辛認為弟弟說得沒錯，父親如果一邊回顧當初身無分文來到美國的經歷，一邊知道兒子都在為自己的人生打拚，並且過得很好，一定會很開心。有朝一日，希望自己也能對蕾拉有著同樣的感受。

大約凌晨一點抵達羅里時，雅辛覺得有些頭昏腦脹，一部分是因為開車開得很累，但也有一部分是因為他們終於到達了。雖然天色昏暗，但是能看出新公寓內外都多出許多空間，他說：「我的感覺是：這是真的，這是我們的新家。」

人生的時機難以預料，毫無道理可言

八十五歲的祖母一直很支持艾碧嘉兒為她生一個曾孫，但是她最近的身體不太好，記憶力也退化了。不過九月時，兩人曾有一段對話，祖母感覺就和以前一樣，很興奮地向艾碧嘉兒詢問「她的計畫」，也就是艾碧嘉兒什麼時候要獨自生子。艾碧嘉兒告訴祖母，她以為自己這時候應該已經懷孕了。祖母問：「那麼妳還在等什麼？」

艾碧嘉兒說：「那次對話給我前所未有的體悟。」她發現自己並沒有在等待什麼。

房地產新事業讓艾碧嘉兒快樂多了，她說：「我在幫助別人，幫助他們前往人生的下一篇章，每個客戶在交屋時都說了很友善的話。」

艾碧嘉兒也不再掙扎生小孩前必須先找到伴侶，對她來說，當媽媽的欲望遠遠勝過當妻子或女友，朋友也都知道她在考慮當單親媽媽。她說：「確實，真的沒有任何東西讓我止步。」她已經準備好自己生小孩了。

艾碧嘉兒開始搜尋精子捐贈者，最後選了和她一樣有著深色頭髮、高大、大學入學考試得到一千五百四十分的男性。然而，差不多在她選定捐贈者的同一時期，祖母罹患新冠肺炎住院，病情並不樂觀。

即使如此，艾碧嘉兒還是繼續她的計畫，預約子宮內注射（醫生建議她把冷凍的卵子留到年紀更大時再說）。她說：「在祖母生命的最後一段日子裡嘗試受孕，是很難讓人接受的狀況，但是這並未帶來任何疑慮，人生的時機從來就沒有什麼道理。」

生命中不可或缺之憾

著有《中年人的哲學指南》（*Midlife: A Philosophical Guide*）一書的麻省理工學院哲學教授基蘭．塞蒂亞（Kieran Setiya）表示：「我們會有一種感覺，覺得不可能在一生中做完所有的事，覺得自己的選擇會排除其他選項，或是覺得過去有些遺憾，一些你希望自己沒有做，或沒有發生在自己身上的事。你可以改變想在人生的哪一個階段，或人生多早時不得不面對這些議題，但是我認為**會省思生命的人，幾乎在某**

個時間點都會覺得，人生可能做到的事是有限的。」

但是把這視為全然的損失，會錯過來到這個時間點具備的美。選項遭到排除時，心頭一緊的那種感受，其實反映了一件好事，就是你當初是有選擇的。我們很幸運，因為沒有人決定好我們的人生，我們沒有被灌輸一個觀念，然後被告知在這個世上就只有這個觀念，無論過多久都一樣。

塞蒂亞說：「想像一下，不必面對那些痛苦的抉擇是什麼樣子。要避免這些抉擇的唯一方法，就是你必須是單方面的偏執狂，對你而言，全世界你只在乎單一事物，而那樣的人生其實非常貧瘠。在某種程度上來說，只要想通懊悔是無可避免的，如果你對夠多不同的事物能保持開放與欣賞很棒，但是這樣一來，你一定會面臨各種抉擇，當中必定有所失去。」

必須做出選擇，無法面面俱到，並不代表你的人生出錯。對各種途徑抱持開放的態度，不管是側著、倒立和後退行進都能接受，正表示你的人生沒有走錯，因為你找到許多不同生活方式的意義與價值。能在三十幾歲的人生擁有這一點是一項殊榮，我們之前的人不一定有過，這是應該欣然接受而非逃離的事。

珍惜每一首意外的插曲

莎莉再度恢復單身，在和小杰第一次大吵一架後離開公寓，接著小杰也離去。即使兩人後來都回家了，整晚也沒有再和對方說話。早上兩人開始談話，之後幾天都在討論彼此的關係，對話大半是由小杰主導。小杰對莎莉說，他不快樂，討厭她的意見總要凌駕在自己之上。

吵架時，小杰大吼道：「妳每次都不讓我說話！妳每次都認為自己是對的！」但更重要的是，他開始懷疑自己的性傾向，越來越發覺自己可能同時受到女性和男性吸引，這讓莎莉很訝異，卻也不是那麼訝異。

「我和很多男人交往過，剛開始與他們交往時，總會覺得：我不確定你是不是像自己以為的是異性戀。小杰也曾讓我那麼想過，但是後來我就想著：好吧！你是異性戀。好，沒問題。我不會沒事質疑別人的性向。」

莎莉正準備搬進自己的公寓，這是她第一次獨居，可以掌控自己的空間和時間讓她覺得很興奮。她說：「我要對自己每一天怎麼生活負責，不需要向任何人說自己在做什麼。」

莎莉想找兩房公寓，這樣就可以有一間當辦公室，不必再跑到餐桌或在床上工作，她也想要有很大的廚房和流理台空間，就能重新開始烘焙。另外，她說：「我現在很堅持要有粉紅色的沙發。」

有一部分的她對於一段感情的終結，和這對她的人生代表的意義感到悲傷，但是也有一部分的她，樂觀地相信未來會更好。她說：「我也會擔心就是這樣了，我曾有過一次機會，但是現在將會永遠孤單。不過我並不認為會是如此，我覺得自己變得和這段感情剛開始時很不同，發生這件事是很美好的，我還是對生命會帶來什麼充滿希望。」

終點仍在遙遠的未來，我們還這麼年輕

今年新年第一天，我的男友、茹西和另一位名叫歐克利的朋友決定開車到海邊，跳進海裡游泳。前一晚，茹西邀請一些人到家中吃晚餐，我們在那時候想到了這個主意。我曾在茹西家度過很多個跨年夜，其中有許多次是我正經歷感覺像人生轉捩點的時期。有一年，去她家之前，我整個白天都忙著搬出和一位室友合租的公寓，要搬進父母幫忙購買，我即將獨自居住的另一間公寓；還有一年，我剛回到紐約，尚未從求婚失敗中回復，依然跌跌撞撞的；今年，我懷有身孕。

我通常會許下很大的新年新希望，但是卻和活得更健康、更深思熟慮之類的生活方式無關，而是一些想要達成的人生目標，好比「訂婚」或「把書寫完」。

然而，那天晚上已經到了茹西家，我都還沒有寫下任何新希望。我告訴自己，隔天一定要做這件事。隨著夜晚的流逝，在午夜過了很久以後的某個時間點，茹西說：「我有一個想法，你們明天想不想開車去海邊，把腳放進海裡泡泡水？」

男友反駁道：「既然要泡腳，不如全身都浸泡在海水裡。」

於是新年第一天下午兩點，我們逼迫自己從沙發上起身上車。開車前往康尼島（Coney Island）的路上，氣溫大約只有攝氏四度，風很大。我很愛康尼島，木製龍捲風雲霄飛車有著陡峭的斜坡，但是沒有迴圈，一直是我最喜歡的雲霄飛車，走向海灘時，看著它在我們身後，讓我感覺平靜。

我們脫到剩下泳衣，然後衝向大海。一直去想海水會有多冷沒有意義。我是最後一個，看著朋友全身泡在海水裡，曾經站著的地方留下濺落的水花。然而，雖然冰冷的海水已到腰際，但我還是無法潛下。我命令自己：繼續走，終於也泡在水裡。朋友衝出水面，我試圖在後面追著，卻感覺雙腿刺痛，上半身很沉重，無法抬起腳步。等靠近岸邊時，他們正跑向我，伸出手和毛巾。

我們用帶來的保暖衣物緊緊包住自己，在海灘上拍下勝利的照片，同時太陽正在西下，漸褪的日光在木棧道和海水四周形成光圈。我想到這是新的一年、新的十年的開始，從絕對的時間來說是如此，對我的人生也是。但是我沒有去想尚未寫下任何目標的事，也沒有去想人生不像我想要的那樣發展，我沒有去想自己尚未結婚，或是即將和寶寶同住在一房公寓裡。我的心裡只想著，在這片有著沙子、海水和我愛的人閃閃發光的海灘上，我有多麼開心，想著我要好好把握每個經歷；我只想著要回到那輛車上，繼續前進。

繼續走，我的心裡這麼想著。

我並不知道，再過幾個月，我會在廚房餐桌上寫完這本書，四個月大的兒子就在旁邊，而男友則在家裡的房間工作，沒有去以前每天會去的辦公室。從現實的層面來說，我們確實沒有其他地方可去，不過從抽象的層面而言，這樣的場景似乎是一個終極證明，證實即使努力思索、胡亂摸索著，想把人生安排得和現在過的生活很接近，我還是得繼續走下去。我原本以為已經確立的那些日常決定，不再那麼確立了：我們要怎麼在這個時刻建立新的社區？我以後會從事什麼樣的工作？我的兒子會在什麼樣的世界長大？過去基於習慣所做的事，有哪些是我不想再做的？**發生越多的改變，我越明白沒有任何一個決定會造就自己的人生，而這也不是終點。**

當然，有一天人生的走向會趨於平坦，到時候我們會知道自己已經做出大部分的選擇。到達那處高原時，我們可能會有擦傷或瘀青；我們可能很振奮；我們可能會想：就是這裡了嗎？但是無論如何，**我們止步的那個地點會是自己一個人的，我們會到達那裡，是過去追尋的、決定不要的，以及必須捨棄的事物共同造就的。很有可能我們真的站在那裡，才看得到自己到達的是什麼樣的地方，因為在那之前，我們都還這麼年輕。**

參考資料

前言　在「應該」定下來的年紀，能不能猶疑不定？

1. Arnett, Jeffrey Jensen. "Emerging Adulthood." *American Psychologist* 55, no. 5 (May 2000): 469–80.
2. Furstenberg, Frank F., Jr., Sheela Kennedy, Vonnie C. McLoyd, Rubén G. Rumbaut, and Richard A. Settersten Jr. "Growing Up Is Harder to Do." *Contexts* 3, no. 3 (August 2004): 33–41.

第一章　完成學業

1. Collins, Randall. *The Credential Society: An Historical Sociology of Education and Stratification*. New York: Columbia University Press, 2019.
2. Coontz, Stephanie. *The Way We Never Were: American Families and the Nostalgia Trap*. Revised and updated ed. New York: Basic Books, 2016.

3. Herbold, Hilary. "Never a Level Playing Field: Blacks and the GI Bill." *The Journal of Blacks in Higher Education*, no. 6 (Winter 1994–1995): 104–08.

4. Katznelson, Ira. *When Affirmative Action Was White: An Untold History of Racial Inequality in Twentieth-Century America*. New York: W. W. Norton, 2006.

5. Miller, M. H. "Been Down So Long It Looks Like Debt to Me." *Baffler*, no. 40 (July 2018).

6. Mintz, Steven. *The Prime of Life: A History of Modern Adulthood*. Cambridge, MA: Belknap Press of Harvard University Press, 2015.

7. Tough, Paul. *The Years That Matter Most: How College Makes or Breaks Us*. Boston: Houghton Mifflin Harcourt, 2019.

第二章　搬出家裡

1. Aarons, Leroy F. "'Don't Trust Anybody Over 30': Phrasemaker, at 30, Still Radical." *Washington Post,* March 23, 1970.

2. Brown, Kelly Williams. *Adulting: How to Become a Grown-Up in 468 Easy(ish) Steps.* New York: Grand Central, 2013.

3. Huber, Lucy. "My Husband and I Couldn't Get Jobs, So We Moved into My Parents' Retirement Community." *HuffPost,* September, 18, 2018, https://www.huffpost.com/entry/moving-into-a-retirement-community_n_5b466a92e4b0e7c958f770ed.

4. Keniston, Kenneth. "Youth: A 'New' Stage of Life." *American Scholar* 39, no. 4 (Autumn 1970): 631–54.
5. Pinsker, Joe. "The New Boomerang Kids Could Change American Views of Living at Home." *Atlantic*, July 3, 2020, https://www.theatlantic.com/family/archive/2020/07/pandemic-young-adults-living-with-parents/613723/.
6. Sheehy, Gail. *Passages: Predictable Crises of Adult Life*. New York: Dutton, 2013.
7. Steinberg, Laurence. "The Case for Delayed Adulthood." *New York Times*, September 19, 2014, https://www.nytimes.com/2014/09/21/opinion/sunday/the-case-for-delayed-adulthood.html.

第三章　進入婚姻

1. Filipovic, Jill. *The H-Spot: The Feminist Pursuit of Happiness*. New York: Bold Type Books, 2018.
2. Jay, Meg. *The Defining Decade: Why Your Twenties Matter—and How to Make the Most of Them*. New York: Twelve, 2013.
3. Traister, Rebecca. *All the Single Ladies: Unmarried Women and the Rise of an Independent Nation*. New York: Simon & Schuster, 2016.

第四章　職涯成長與財務自由

1. Collins, Chuck. *Born on Third Base: A One Percenter Makes the Case for Tackling Inequality, Bringing Wealth Home, and Committing to the Common Good*. White River Junction, VT: Chelsea Green, 2016.

2. Cramer, Reid. *The Emerging Millennial Wealth Gap*. Washington, DC: New America, 2019.

3. Hacker, Jacob S., and Paul Pierson. *American Amnesia: How the War on Government Led Us to Forget What Made America Prosper.* New York: Simon & Schuster, 2017.

2. Kreizman, Maris. "Where Did My Ambition Go?" Medium, June 26, 2020, https://gen.medium.com/where-did-my-ambition-go-c800ab4ad01d.

3. Petersen, Anne Helen. "How Millennials Became The Burnout Generation." BuzzFeed *News,* January 5, 2019, https://www.buzzfeednews.com/article/annehelenpetersen/millennials-burnout-generation-debt-work.

4. Porter, Eduardo, and David Yaffe-Bellany. "Facing Adulthood with an Economic Disaster's Lasting Scars." *New York Times,* May 19, 2020, https://www.nytimes.com/2020/05/19/business/economy/coronavirus-young-old.html.

5. Seligson, Hannah. "The New 30-Something." *New York Times,* March 2, 2019, https://www.nytimes.com/2019/03/02/style/financial-independence-30s.html.

6. Wang, Connie. "The 'Grateful to Be Here' Generation Has Some Apologizing to Do." Refinery29,

June 22, 2020, https://www.refinery29.com/en-us/2020/06/9867469/working-in-toxic-media-industry-diversity-movement.

第五章　撫育下一代

1. Adamy, Janet. "U.S. Birthrates Fall to Record Low." *Wall Street Journal*, May 20, 2020, https://www.wsj.com/articles/u-s-birthrates-fall to record-low-11589947260.
2. Miller, Claire Cain. "The 10-Year Baby Window That Is the Key to the Women's Pay Gap." *New York Times*, April 9, 2018, https://www.nytimes.com/2018/04/09/upshot/the-10-year-baby-window-that-is-the-key-to-the-womens-pay-gap.html.
3. Yuhas, Alan. "Don't Expect a Quarantine Baby Boom." *New York Times*, April 8, 2020, https://www.nytimes.com/2020/04/08/us/coronavirus-baby-boom.html.

結語　每個年紀，都有人生最好的風景

1. Setiya, Kieran. *Midlife: A Philosophical Guide*. Princeton, NJ: Princeton University Press, 2018.

商周其他系列　BO0334

三十而慄？

在承擔包袱與焦慮的年華，勇敢敲定自己的人生節奏

原文書名／But You're Still So Young: How Thirtysomethings Are Redefining Adulthood
作　　者／凱琳・謝弗（Kayleen Schaefer）
譯　　者／羅亞琪、陳松筠
企劃選書／黃鈺雯
責任編輯／黃鈺雯
編輯協力／蘇淑君
版　　權／黃淑敏、吳亭儀
行銷業務／周佑潔、林秀津、黃崇華

總　編　輯／陳美靜
總　經　理／彭之琬
事業群總經理／黃淑貞
發　行　人／何飛鵬
法律顧問／台英國際商務法律事務所
出　　版／商周出版　臺北市中山區民生東路二段141號9樓
電話：(02)2500-7008　傳真：(02)2500-7759
E-mail：bwp.service@cite.com.tw
發　　行／英屬蓋曼群島商家庭傳媒股份有限公司　城邦分公司
台北市104民生東路二段141號2樓
電話：(02)2500-0888　傳真：(02)2500-1938
讀者服務專線：0800-020-299　24小時傳真服務：(02)2517-0999
讀者服務信箱：service@readingclub.com.tw
劃撥帳號：19833503
戶名：英屬蓋曼群島商家庭傳媒股份有限公司城邦分公司
香港發行所／城邦(香港)出版集團有限公司
香港灣仔駱克道193號東超商業中心1樓
電話：(825)2508-6231　傳真：(852)2578-9337
E-mail：hkcite@biznetvigator.com
馬新發行所／城邦(馬新)出版集團
Cite (M) Sdn Bhd
41, Jalan Radin Anum, Bandar Baru Sri Petaling,
57000 Kuala Lumpur, Malaysia.
電話：(603)9057-8822　傳真：(603)9057-6622　email: cite@cite.com.my

封面設計／陳文德　內文設計暨排版／無私設計・洪偉傑　印　刷／韋懋實業有限公司
經　銷　商／聯合發行股份有限公司　電話：(02)2917-8022　傳真：(02) 2911-0053
地址：新北市231新店區寶橋路235巷6弄6號2樓

ISBN／978-626-318-021-5（紙本）　978-626-318-020-8（EPUB）　
定價／380元（紙本）　260元（EPUB）

2021年（民110年）11月初版

城邦讀書花園
www.cite.com.tw

國家圖書館出版品預行編目(CIP)數據

三十而慄?:在承擔包袱與焦慮的年華,勇敢敲定自己的人生節奏/凱琳.謝弗(Kayleen Schaefer)著;羅亞琪,陳松筠譯.-- 初版.-- 臺北市:商周出版:英屬蓋曼群島商家庭傳媒股份有限公司城邦分公司發行,民110.11

面; 公分.--(商周其他系列;BO0334)

譯自:But you're still so young : how thirtysomethings are redefining adulthood

ISBN 978-626-318-021-5(平裝)

1.自我實現 2.生活指導

177.2　　110016128

商周出版

廣　告　回　函
北區郵政管理登記證
台北廣字第000791號
郵資已付，免貼郵票

104台北市民生東路二段141號2樓

英屬蓋曼群島商家庭傳媒股份有限公司　城邦分公司

請沿虛線對摺，謝謝！

商周出版

書號：BO0334　**書名：**三十而慄？　**編碼：**

請於此處用膠水黏貼

商周出版

讀者回函卡

線上版讀者回函卡

感謝您購買我們出版的書籍！請費心填寫此回函卡，我們將不定期寄上城邦集團最新的出版訊息。

姓名：＿＿＿＿＿＿＿＿＿＿ 性別：□男 □女

生日：西元＿＿＿＿年＿＿＿＿月＿＿＿＿日

地址：＿＿＿＿＿＿＿＿＿＿

聯絡電話：＿＿＿＿＿＿＿＿ 傳真：＿＿＿＿＿＿＿＿

E-mail ：

學歷：□ 1. 小學 □ 2. 國中 □ 3. 高中 □ 4. 大學 □ 5. 研究所以上

職業：□ 1. 學生 □ 2. 軍公教 □ 3. 服務 □ 4. 金融 □ 5. 製造 □ 6. 資訊
□ 7. 傳播 □ 8. 自由業 □ 9. 農漁牧 □ 10. 家管 □ 11. 退休
□ 12. 其他＿＿＿＿＿＿＿＿

您從何種方式得知本書消息？

□ 1. 書店 □ 2. 網路 □ 3. 報紙 □ 4. 雜誌 □ 5. 廣播 □ 6. 電視
□ 7. 親友推薦 □ 8. 其他＿＿＿＿＿＿＿＿

您通常以何種方式購書？

□ 1. 書店 □ 2. 網路 □ 3. 傳真訂購 □ 4. 郵局劃撥 □ 5. 其他＿＿＿＿

您喜歡閱讀那些類別的書籍？

□ 1. 財經商業 □ 2. 自然科學 □ 3. 歷史 □ 4. 法律 □ 5. 文學
□ 6. 休閒旅遊 □ 7. 小說 □ 8. 人物傳記 □ 9. 生活、勵志 □ 10. 其他

對我們的建議：＿＿＿＿＿＿＿＿＿＿

＿＿＿＿＿＿＿＿＿＿

＿＿＿＿＿＿＿＿＿＿

請於此處用膠水黏貼